EL BIEN ES UNIVERSAL

DAVID CERDÁ

EL BIEN ES UNIVERSAL

Una defensa de la moral objetiva

EDICIONES RIALP
MADRID

© 2025 *by* DAVID CERDÁ
© 2025 *by* EDICIONES RIALP, S.A.
  Manuel Uribe 13-15, 28033, Madrid
  (www.rialp.com)

Preimpresión: www.produccioneditorial.com

ISBN (edición impresa): 978-84-321-7011-9
ISBN (edición digital): 978-84-321-7012-6
ISBN (edición bajo demanda): 978-84-321-7013-3
ISNI: 0000 0001 0725 313X
Depósito legal: M-4958-2025

Impreso en España   *Printed in Spain*

Anzos, S. L. - Fuenlabrada (Madrid)

Para mi amigo Osantonio, aprendiz de filósofo,
a quien llevo desde hace cuarenta años,
como Hamlet lleva a Horacio,
«en el corazón de mi corazón»

«Cualquier otra ciencia es perjudicial para quien carece de la ciencia de la bondad»

(Michel de Montaigne, *Ensayos*, I, XXV)

ÍNDICE

¿Por qué es inmoral violar y por qué la vida de una mujer afgana es hoy peor, más injusta, que la de una mujer española? Este libro surge de la conmoción que causa comprobar que cada vez menos personas de nuestro ámbito cultural son capaces de responder a estas sencillas preguntas. Esa incapacidad, lejos de ser una tara académica, tiene abundantes consecuencias prácticas, tanto en el plano individual como en el colectivo: cuesta sufrimientos y vidas. A mostrar la naturaleza y vigencia de las respuestas se encaminan estas páginas.

No empezaré, como tal vez debiera, por explicar la relevancia del tema que aquí se trata, que toma pie en dichas consecuencias. Hay dos motivos para ello. Uno, de empezar por ahí, cargaría tintas sobre la importancia de que el subjetivismo moral sea erróneo, lo cual podría llevarnos a caer en el «razonamiento motivado», esto es, a afirmar lo que necesitamos que sea cierto. Lo que se ajusta a la realidad no deja de ser cierto porque nos perjudique; como dice Joan Manuel Serrat, la verdad no es triste, sino inevitable. Dos, resulta que explicar por qué la moral es objetiva es fundamental para entender la gravedad de que se considere subjetiva, de ahí que ese otro fin deba tener preferencia.

¿Es la moral objetiva o subjetiva y es el bien universal o cultural? Estas son las disyuntivas que pretendo desentrañar; por concernir al *bien* y la *verdad* me sitúo aquí entre medias de las dos obras en las que traté *in extenso* esos dos fundamentales asuntos, *Ética para valientes* y *El dilema de Neo*, respectivamente. Mi propósito, en esta ocasión, es abordar una cuestión más concisa y tan relevante que entenderla es esencial para desarrollar una conciencia moral; y mostrar el extravío posmoderno a este respecto, para que lo podamos contrarrestar, pues verdaderamente nos hiere.

I. Ética, moral, morales, moralidad, moralismo y bien

Es indispensable empezar con algunas precisiones terminológicas. Llamamos «ética» o «moral» al saber que da respuesta a la pregunta «¿qué hace que la vida merezca la pena, que sea justa, buena?». «Ética» y «moral» son términos sinónimos. Si hay dos nombres para lo mismo, es porque hay dos formas de denominarlo, una de procedencia latina (*mores*) y la otra griega (*ethos*); fue Cicerón quien en su tratado *Sobre el destino* tradujo el adjetivo *ethikós* como *moralis*. Ambos términos remiten a las costumbres, a los comportamientos, porque la pregunta planteada se resuelve siempre en cuanto a lo que hacemos. Sin embargo, no hay debate en redes sociales, clase o conversación corriente en que uno no se encuentre a alguien que afirma que difieren, hasta que se le pregunta a ese alguien por la definición de una y otra y entonces brota la confusión y burbujean las más extrañas matizaciones.

Cuando hablamos en singular (*la* moral, *la* ética), nos referimos a esa respuesta que el ser humano busca a en qué consiste la vida justa y buena. Ese proyecto es universal y comenzó con el primero de nuestros ancestros que tuvo conciencia; la Filosofía Moral o Ética es la disciplina académica que lo estudia. Cuando hablamos en plural (esta o aquella moral, *las* morales o, aunque sea menos habitual, esta o aquella ética, *las* éticas), aludimos a normas y principios particulares de algún grupo o cultura o país en algún momento de la historia, es decir, a códigos de conducta específicos que apuntan a lo justo y bueno con mayor o menor fortuna. Si, con naturalidad, comparamos estos intentos concretos de respuesta no es solo porque nos intriguen las diferencias, sino porque entendemos que los hay mejores y peores; aquí surge una primera pista sobre la objetividad moral, como luego veremos. En todo caso, a esta distinción entre lo singular y universal y lo plural y local se reduce todo el misterio de «la moral no es la ética».

Cuando alguien se comporta de una manera que creemos que va en contra de lo debido decimos que es inmoral y no antiético. Y lo mismo ocurre cuando hay leyes que disminuyen nuestra dignidad: las denominamos «inmorales». El *Diccionario de la lengua española* (*DLE*, en lo sucesivo) dice que algo es ético cuando «es recto, conforme a la moral» y llama también ético a quien «estudia o enseña moral», subrayando que lo moral es «relativo a las acciones de las personas, desde el punto de vista de su obrar en relación con el bien o el mal», que es otra forma de referirse a lo que es justo y bueno y por lo tanto ético. Pese a este aluvión de ejemplos, hay gente que se empecina en lo de «una cosa es la moral y otra la ética». Los más tozudos a este respecto tal vez sean los *gustavobuenistas*, algunos de los cuales más que estudiosos de un autor parecen discípulos fanáticos, por lo mucho que les cuesta salir de los esquemas de su maestro. Tengo un respeto sin fisuras hacia la figura de Gustavo Bueno, un filósofo original y honesto; un respeto que honro no dándole la razón en todo. Así, cuando Bueno afirma —de viva voz, en un celebrado vídeo que puede hallarse en YouTube— que la ética es el conjunto de normas que buscan salvaguardar y fortalecer la vida de «los individuos corpóreos» (sic), mientras que la moral «tiene por objeto salvaguardar y fortalecer la vida del grupo en tanto grupo», sencillamente se inventa una dicotomía que solo existe en la actualidad en la mente de

17

sus aguerridos seguidores. Basta pensar en los *sentimientos morales* esenciales, la vergüenza, la compasión y la reverencia, los tres radicalmente interpersonales y de alcance por supuesto superior a la propia tribu; ¿y acaso puede decirse que lo que hace Malala Yousafzai al jugarse la vida enfrentándose a los talibanes o lo que hizo Hugh Thompson, que volvió las armas de su unidad en dirección a su propio ejército para detener la masacre de Mỹ Lai son un puñado de comportamientos inmorales?

En lo que sigue, y una vez establecida la sinonimia, no volveremos a hablar de la ética y nos referiremos a la moral. Escogemos este último término no solo por una cuestión de prestigio filosófico (es el más empleado en la literatura que trata este asunto), sino también con ánimo reivindicativo, para contribuir a vencer ese pudor más bien posmoderno a referirse a la moral. Porque esta es, según parece, la razón de que tantos prefieran hoy «ética» a «moral»: a que esta última les suena a religioso o antiguo, y por la razón que sea (es su problema) quieren evitar ambas referencias.

¿Qué es la «moralidad», entonces? Aunque a veces se la menciona —de un modo que solo nos confunde— como un sinónimo de moral, hay dos acepciones que sí nos interesan y tienen sentido. La primera de ellas sirve para referirnos a la moral imperante en nuestra comunidad, una de esas morales plurales que resulta de aplicación para nosotros si es que queremos estar en lo que socialmente se admite. Moralidad sería la concreción convencional y local a estas cuestiones, «lo que la gente entiende por aquí que es correcto». La segunda acepción es más precisa y relevante: llamamos «moralidad» a la capacidad humana, única entre los seres vivos, que lo lleva a preguntarse por lo bueno y lo malo, a esa cualidad antropológica, por así decirlo.

Es el momento de deslindar otro término, «moralismo», que algunos suelen emplear para referirse a *cualquier* postura afirmativa en cuanto a la moral y otros emplean para referirse a *ciertas* posturas morales que les disgustan. Hablando con propiedad, el moralismo consiste en la odiosa costumbre de señalar acusadoramente el comportamiento ajeno. Es cierto que la moral debe parte de su desprestigio a este uso «arrojadizo» que algunos hacen de ella; no obstante, la moral no tiene nada que ver con apuntar el índice hacia nadie: es un camino de perfección propia que ve en cada conducta indigna ajena un aviso para navegantes. Como escribe Tzevan Todorov en *Memoria del bien, tentación del mal*, «dar lecciones de moral a los demás no ha sido nunca un acto moral: la virtud del héroe o la aureola de la víctima no destiñen realmente sobre los admiradores».

Definamos, finalmente, «el bien». En la base de la errónea distinción de Gustavo Bueno entre ética y moral está que la primera, por ser a su juicio de las dos la que busca el bien, le resulta etérea, difusa; el bien le parece a este filósofo un término impreciso. Hay, sin embargo, una manera sencilla y nada vaga de definir el bien, que es «toda acción que contribuye a que la vida humana sea digna». El bien es, entonces, el conjunto {a, b, c, …} en el que las letras representan los actos que hacen que la vida humana sea mejor, más justa. Obrar bien no es sencillamente obedecer a mi conciencia, porque esta puede estar torcida, sino obedecer a lo objetivamente justo. De ahí que nadie pueda hablar del bien en sentido moral si no ha establecido esa objetividad antes, que es lo que ahora haremos nosotros.

II. Objetividad y subjetividad

Hemos dicho que la moral es un saber; podemos denominarlo una *scientia*. Tal vez sea juicioso reservar el término «ciencia» a aquellos saberes que se ajustan al método científico, en un grado u otro (pensemos en las ciencias sociales); de ahí la conveniencia de referirse a un saber o una *scientia*. Hasta hace no tanto, todos los saberes humanos estaban juntos: la filosofía los aglutinaba en su totalidad en sus comienzos. Hay una pista de esto que perdura, al menos en su denominación anglosajona: quien tiene un doctorado, sea cual sea su materia (igual Química que Economía), tiene un *Ph.D.*, es decir, es «doctor en filosofía». Con el tiempo, los saberes se fueron independizando, especializándose, se ocuparon de su pregunta particular sobre el mundo. De la filosofía se desgajaron paulatinamente la física (¿qué es y cómo funciona la materia, en aspectos como el movimiento o la fuerza?), la biología (¿qué es y cómo funciona la vida?), la historia (¿cuáles han sido los acontecimientos pasados?), etcétera; y estos saberes han tenido aún nuevas familias que han engendrado nuevos hijos, como la medicina (¿qué es la salud y cómo podemos fomentarla?). Cada saber ha ido desarrollando sus propios métodos, adaptados a la complejidad de su objeto (su pregunta); ninguno es superior a los otros, tan solo indaga aspectos de la realidad distintos.

Todos los saberes (*scientiae* o ciencias) son objetivos. Quiere esto decir que buscan *fuera del sujeto* (en la *realidad*) sus respuestas. Esto lo recoge bien nuestro diccionario, en su tercera acepción del adjetivo «objetivo» («que existe realmente, fuera del sujeto que lo conoce») e incluso en la primera («perteneciente o relativo al objeto en sí mismo, con independencia de la propia manera de pensar o de sentir»). En el sentido expuesto, no es más objetiva la física que la historia; sencillamente cambia la complejidad de su objeto y los instrumentos disponibles para acometerlo. Responder a «cuánto da 2+2» es mucho más sencillo que elucidar «qué causó la Segunda Guerra Mundial», y pertenece a órdenes de entendimiento diferentes averiguar cómo curar la diabetes y qué colma nuestras ansias de ser amados. Los saberes no son más o menos objetivos o subjetivos: sencillamente responden a cuestiones de distinta hondura y tienen, en consecuencia, campos epistemológicos y métodos dispares.

Decir, por tanto, que «la moral no tiene la objetividad de la física» es acertado si apunta a que sus campos epistemológicos son diversos. Pero no suele decirse en este sentido, sino para sugerir que se da una superioridad en cuanto a la objetividad de la física, lo cual, como acabamos de explicar, carece de sentido. La idea de que existe un 100 % de objetividad atribuible a las matemáticas y de ahí hay que proceder hacia abajo es absurda; es confundir la objetividad/subjetividad con los grados de certeza o algún otro aspecto. Algo es objetivo cuando no es subjetivo, y viceversa: ambas son categorías excluyentes; asentado eso, lo que queda es entender cuál es el campo de investigación de cada materia. Querer que las pruebas sobre la vida buena o sobre la conquista española de América tengan el aroma de las de la ley de la gravedad no deja de ser una grosería. Por la misma razón, en el ámbito de la moral se suele preferir el verbo «mostrar» a «demostrar», que para muchos remite al método científico. No obstante, como dice el *DLE* en su segunda acepción, «demostrar» es «probar, sirviéndose de cualquier género de demostración», de modo que cabe hablar en cuanto a la moral de demostraciones, y nosotros lo haremos.

Veamos, para incidir en la diferencia, tres ejemplos de conocimiento subjetivo: el dolor, la emoción y las preferencias. Empecemos por lo último; son subjetivas las preferencias porque no hay nada «ahí afuera» que cotejar en cuanto a lo que a mí en particular me gusta. El dolor, hasta cierto punto, puede medirse, pero es cierto que una misma intensidad puede producir diversas percepciones, y que difícilmente se puede refutar el dolor que dice sentir un individuo. Las emociones son, asimismo, «sentidas» por un sujeto sin que haya nada «ahí afuera» que cotejar al respecto. Pero nótese que ambos casos, el dolor y la emoción, en cuanto fenómenos, pueden estudiarse y en efecto se estudian, desde la algología en medicina a la neurociencia o la psicología; no hay que confundir lo que un sujeto percibe y expresa con la realidad de tales cosas.

Pasemos a los argumentos de los subjetivistas. La pluralidad de las morales es una de las principales tesis de quienes niegan que sea objetiva la moral. Esta es, acaso, la impugnación más floja, porque conlleva igualar al ignorante y a quien sabe. Si en la Roma antigua estaba bien visto el infanticidio, entonces la moral es subjetiva, se nos dice, porque ahora pensamos lo contrario. Para empezar, quien esto esgrime está dando a entender que no supone un avance que ahora nos parezca un acto de barbarie matar a nuestro propio hijo. Pero es que, además, quienes esto aducen son los mismos que admitirán que la creencia de muchos romanos de que el sol era el dios Helios constituía no una discrepancia u «otra opción más», sino un signo de retraso en lo que atañe a la astronomía. En la misma línea están quienes afirman que de haber nacido en el Amazonas nos parecería que ciertas orugas son un manjar exquisito. Esta mención trivial a los gustos culinarios (subjetivos, culturales) nada tiene que ver con las cuestiones morales, pero podemos jugar a lo mismo: «Si hubieras nacido en la tribu de los Tupinamba creerías que un eclipse es un castigo por una mala acción de algún nativo que exige su sacrificio al amanecer». ¿Y qué? Estamos corroborando que hay gente ignorante; sirve para ampliar nuestra visión del mundo y regocijarnos de que sepamos más que ellos, lo cual es lógico, y sobre todo sirve de acicate para crear sociedades que estén a la altura de lo que sabemos. ¿Por qué justamente en la moral el subjetivista confunde lo que la gente *opina* con lo que *es*? ¿Desde cuándo es el saber algo que se vota? Hay una frase de Salvor Hardin en la novela *Fundación* de Asimov que despeja la confusión aunque confunda los términos: «Nunca dejes que tu sentido de la moral interfiera con hacer lo correcto»; lo preciso sería decir que no hay que confundir la moralidad propia o la de nuestra sociedad con la moral, esto es, con lo que es moralmente cierto.

Alegan también los subjetivistas que en la moral se dan agudas controversias. Esta objeción es absurda, porque nada tiene que ver la objetividad con la ausencia de polémicas. Los seres humanos tenemos frentes abiertos de disenso en absolutamente todos los campos del conocimiento, incluidas las matemáticas; el desacuerdo es una constante del saber. Ocurre, además, que hay más misterios, dilemas y vivas discusiones en la astrofísica que en la moral, sin que nadie dude por ello de la objetividad de la primera. Hay una manera sencilla de comprobarlo: asistir a cualquier foro de astrofísica, académico o entre aficionados, en el que se pondrán de manifiesto incontables desavenencias en cuanto al universo, relativas a los agujeros negros, la materia oscura y un largo etcétera de asuntos, mientras que en la moral los desencuentros suelen terminar en los dos o tres temas de siempre (el aborto, la eutanasia y algunas situaciones respecto a la guerra), por más grises o matices e intrincadas casuísticas que puedan plantearse, como igualmente sucede en el resto de saberes. Suelen argumentar quienes reducen el saber a la ciencia que la diferencia estriba en que, «en condiciones ideales», muchas de esas diferencias de opinión se disolverían; pero no hay por qué suponer que pasaría otra cosa en lo que incumbe a la moral. Añádase que nuestra percepción de lo controvertida que es la moral tiene que ver no con sus inconsistencias reales —los consensos sobre lo que es justo y bueno son muy amplios—, sino con lo apasionadamente que los discutimos, porque tratan por definición sobre lo que más nos importa. Nadie va a llegar a las manos por discutir si la energía oscura está relacionada con la constante cosmológica que propuso Albert Einstein o se debe a la existencia de un campo dinámico (aunque hay gente para todo); pero ocurre y ocurrirá cuando lo que se dirime es si es admisible la eutanasia o en qué supuestos. Aportar encuestas sobre lo dividida que está nuestra sociedad sobre estas cuestiones no resta un ápice de objetividad a la moral.

Otra de las impugnaciones habituales a esta objetividad —de carácter técnico y por lo tanto ignota para el común de los mortales— es postular que tiene que ser de tipo «ontológico», esto es, que ha de basarse en «el ser de las cosas». Huelga decir que, tras Immanuel Kant y su demostración de que no podemos llegar a lo que él denominó el *noúmeno*, esa objetividad es inaccesible para todos —salvo para Dios—, y por lo tanto quienes no se conforman sino con ella por fuerza han de concluir que ni la biología ni la astrofísica ni saber alguno es objetivo. Procede reconocer esa arcana e imposible objetividad y dejarla de inmediato de lado, pues a nadie le sirve, tal y como Albert Camus supo ver en *El hombre rebelde*: «Lo importante no estriba, así pues, en remontarse hasta la raíz de las cosas, sino, siendo el mundo lo que es, en saber cómo conducirse en él». No es que la objetividad moral no exista; es que la objetividad que algunos persiguen es inviable.

Hay otra línea ontológica de refutación que hunde sus raíces en el existencialismo: para que el bien sea universal necesitaríamos concretar un *télos*, postular un fin específico para el ser humano, cosa que, por supuesto, los existencialistas no creen que exista. Lo cierto es que tampoco es necesario ese *télos*, al menos en sentido metafísico. Basta aclarar de qué barro estamos compuestos y atender a la pregunta que se nos plantea; dicho de otro modo, en la pregunta por qué hace que la vida merezca la pena está el *télos* (y en la investigación misma, que rastrea lo específicamente humano). La moral es una cuestión empírica; pero de un calibre que no atrapa el tosco cedazo materialista. Es un empirismo de tal riqueza que la cuestión que se trata no puede ser desentrañada con el limitado instrumental del método científico —como se ha apuntado y se detallará enseguida —, sino que requiere integrar múltiples fuentes, entre las que por cierto se cuentan los hallazgos de la indagación trascendental humana, es decir, las religiones. Tan es así que han sido las principales figuras religiosas, singularmente Jesucristo, las que han producido avances morales en el mundo. Por esta razón, incluso quien se dice no cristiano no queda «exento» de dichos progresos, del vuelco moral producido en el mundo por el cristianismo. No sabemos si habríamos alcanzado la crucial noción de dignidad sin el Sermón de la montaña (y en oriente sin el *Dhammapada*); ni siquiera el ateo, si quiere ser moral, puede vivir como si no hubiera existido Jesucristo. Como escribe Hilary Putnam en *Ética sin ontología*:

> Fueron los grandes ejemplos morales del mundo (los Buda, Moisés, Confucio, Jesús, Sócrates y muchos otros) quienes demostraron en vida que podía existir gloria —gloria, y sí, dignidad— al ponerse de parte de las víctimas del saqueo y la conquista, de los pobres y los oprimidos, y no de parte del heroico general romano, el jefe vikingo o quien fuera.

Por supuesto, para un cristiano la cuestión trascendente —la salvación— sobrepuja la moral; pero también es capaz de reconocer esto último que hemos referido.

De lo anterior debe deducirse que la moral no requiere un «fundamento ontológico» distinto al resto de los saberes sobre el hombre: la verificabilidad de sus hipótesis mediante la observación y las conclusiones sedimentadas de la investigación y la experiencia. Frente a esto, y en lo que se ha dado en llamar su «argumento de la rareza», John Leslie Mackie sostiene que no está claro cómo valores morales objetivos podrían sobrevenir en las características del mundo natural. Esta es otra manera de mirar a la ontología que podemos considerar superada, porque lo que Mackie busca son «entes», «manifestaciones del ser» que, en cuanto a la moral, le parecen entidades, cualidades o relaciones de un tipo muy extraño, del todo distintas de cualquier otra cosa que haya en el universo. Explica Putnam en su mencionada obra que no son necesarios tales «objetivos sublimes o intangibles» para que la moral sea objetiva; de igual modo que la objetividad de la matemática no requiere que los números tengan la entidad metafísica que los pitagóricos les asignaban, nosotros no necesitamos volver a la teoría de los trascendentales y postular el Bien como un orden del ser (nótese como en nuestro texto se han evitado cuidadosamente las mayúsculas). Como su maestro, John Dewey, Putnam sostiene que el fin de la moral no es elaborar un sistema, una especie de articulado, sino contribuir a la solución de problemas prácticos (elevar la conciencia): como expondremos después, la objetividad está en el juicio y en la bondad contrastada de ciertos principios. Lo que intenta —infructuosamente— Mackie es justificar el comportamiento moral desde fuera; quiere que lo que funde la moral tenga su correlato en el mundo físico, y se parece en esto al ínclito Yuval Noah Harari (ocurrente narrador, pensador paupérrimo) cuando declara que «en la naturaleza no existen los valores».

Hay una línea subjetivista peculiar que también desprende fragancias metafísicas: la pretensión de que la objetividad entrañe necesidad. Sostienen quienes la defienden que, si nuestra historia filogenética hubiera sido otra, también la moral sería distinta; que si los escarabajos hubieran desarrollado una conciencia tendrían por morales comportamientos diferentes e incluso que pudiera haber alienígenas con perspectivas diversas en cuanto a lo justo y bueno. Curiosamente, que lo que sabemos sobre nuestra evolución confirme que en tantos sitios se coincida en lo que es justo —por ser inherentemente humano y así pues adaptativo— es para algunos una razón para dudar de la objetividad moral, en vez de para refrendarla. En cuanto a los bichos y los álienes, merece la pena recordar al ecólogo John Hart, que se hizo famoso por plantear el caso de un granjero con problemas de productividad que pidió ayuda a la universidad. La institución reunió un equipo multidisciplinar de profesores encabezado por un físico teórico que tras dos semanas de intenso trabajo le entregó un informe que planteaba que la solución era contar con vacas esféricas. Sirva la ilustrativa broma para decir que, efectivamente, la moral parte de que son lo que son los seres humanos, que no se entretiene en elucubraciones fantasiosas y que está perfectamente a gusto con una objetividad que no sea *necesaria*, sino *contingente*. No nos hace falta que lo objetivamente bueno sea tal en otros mundos posibles; nos basta con que lo sea en este, al que con el adjetivo «universal» nos referimos.

Todavía hay otros que sostienen que para poder decir que la moral es objetiva tendríamos que ser capaces de describir los genes de la moralidad y las estructuras cerebrales correspondientes. Esta es una forma de reduccionismo bien clara; como si no se pudiese afirmar que el amor existe hasta rastrear su base causal en cromosomas, hormonas y neurotransmisores. La cuestión es que «objetivo» no es un sinónimo de «innato». Con todo, sí podemos asegurar que hay bases cerebrales, sociobiológicas y antropológicas firmes que apuntan a la objetividad de los principales principios morales. Al fondo está nuestra índole social, tan intensa, y la necesidad de combatir el egoísmo, una propensión —«inmoderado y excesivo amor a sí mismo», *DLE*— el mundo más violento e inhumano. La socialidad es una base sólida para las verdades morales, que podemos en buena medida fundar en la *confianza*, un universal antropológico que extiende sus raíces por todas las realidades humanas. Poder confiar no es sencillamente agradable: es crítico para el más social de los seres que existe.

Sabemos cada vez más sobre estas realidades morales ínsitas a nuestras relaciones humanas. Émile Durkheim explica en *La división del trabajo* que «es moral todo lo que es fuente de solidaridad, todo lo que obliga al hombre a [...] regular sus acciones por algo más que [...] su propio egoísmo». Dice el psicólogo Elliot Turiel: «Las reglas que previenen el daño son especiales, importantes, inalterables y universales»; bastante más, por lo tanto, que meras «convenciones». Y añade Jonathan Haidt, un autor esencial en algo llamado *psicología moral*: «Observando los descubrimientos acerca de los bebés y los psicópatas [...] resulta claro que las intuiciones morales emergen muy temprano y son necesarias para el desarrollo moral»; también dice que «somos políticos intuitivos». «La capacidad de establecer vínculos afectivos profundos es un componente común de la psicología de los mamíferos», afirma el psicólogo evolutivo Steve Stewart-Williams. Los sociobiólogos nos enseñan que apremiamos a los insolidarios (los llamados *free riders*) por ser un requisito para nuestra supervivencia. Según el psicólogo Michael Tomasello, la cognición humana se alejó de la de otros primates cuando nuestros ancestros desarrollaron una intencionalidad compartida: dos chimpancés no colaboran ni para cargar juntos un tronco. Haidt explica en *La mente de los justos* que esto propicia que se desarrollen ciertas matrices morales. Etcétera.

Se ha expuesto lo anterior no para sugerir una armonía universal de juicio, sino para incidir en que existe una realidad moral a indagar. Veamos con algo más de extensión uno de estos intentos sistematizados: el que recoge Oliver Scott Curry en "Morality as Cooperation: A Problem-Centred Approach", un capítulo de la obra *The Evolution of Morality* (editada en Springer por Todd Shackelford y Ranald Hansen). La propuesta en cuestión aúna la cooperación en términos evolutivos y la teoría de juegos y «se basa en los últimos conocimientos de ciencias empíricas como la etología, la psicología y la antropología». La existencia de una moral universal la sustenta el autor en cuatro principios: su teoría predice «que la gente considerará moralmente buenos determinados tipos de comportamientos cooperativos»; «que, dado que estos problemas son características universales de la vida social humana, estos comportamientos cooperativos se considerarán moralmente buenos en todas las culturas humanas, en todas las épocas y en todos los lugares»; «que aspectos aún poco conocidos de la moralidad también resultarán estar relacionados con la cooperación»; y «que los avances en la teoría de juegos ampliarán el poder explicativo de la teoría». Esta capacidad para predecir y hacer afirmaciones falsables, en la terminología de Karl Popper —reconocemos, pues, que hay evidencias que pueden desmontar la teoría; solo así se puede reclamar su cualidad empírica—, lleva al autor a concluir «que el estudio de la moralidad, basado en teorías y contrastado empíricamente, es simplemente otra rama de la ciencia». Corrijamos esto último repitiendo que, en tanto cuestión de enorme complejidad, hay que incorporar a la moral más saberes que no encajan en el método científico y las herramientas propias de la filosofía. Sea como fuere, comprobamos que la universalidad está en la teoría de Curry perfectamente enunciada.

Hagamos un repaso sumario de lo que hemos visto. ¿Qué clase de objetividad tiene la moral? La que se compadece con su objeto de estudio. ¿Qué campo de investigación le corresponde? El comportamiento humano respecto de la vida justa y buena. ¿Y cuáles son sus fuentes? Todas las que informan sobre el ser humano. De las ciencias, tanto las naturales (biología, neurología, fisiología, etcétera) como de las sociales (economía, sociología, psicología, etcétera). También son fuentes las llamadas humanidades (historia, antropología, derecho, etcétera). Y las artes, singularmente la literatura, pero también el cine, el teatro o las plásticas. Esta mención a las artes solo ha de escamar a los cientifistas. «Entre nosotros y nuestra propia conciencia» —escribe Henri Bergson en *La risa*— «viene a interponerse un velo que es muy tupido para el común de los mortales y casi transparente para el artista». Lo que hace la pintura o la poesía, dice Bergson, es «apartar los símbolos corrientes, las generalidades convencionales aceptadas por la sociedad, todo, en fin, cuanto pone una máscara sobre la realidad»; aunque ese no sea su único fin y su primer tributo lo rinda a la conmoción o la belleza, el arte ha abierto un sinfín de pasadizos a lo largo de los siglos a lo que es justo y bueno.

En cuanto a la violación, toda esa información nos lleva a concluir sin error posible lo horrible que resulta ser vejado de esa manera. La psicología —e incluso la neurología, en cuanto a las huellas físicas que ese trance deja— nos describe qué pasa en la persona que pasa por ello, la sociología nos habla del estigma social que ha de acarrear, la historia nos narra qué tipo de vida llevaban los pueblos en los que la violación se normalizaba y Shakespeare nos ayuda a entender lo que experimenta quien, como Lucrecia («Si alguna vez a un hombre conmovieron los gemidos de mujer, conmuévete tú con mis lágrimas, mis suspiros, el crujir de mi alma») pasa por algo semejante. En el marco de esta variedad de fuentes se entiende el decisivo papel que tiene la filosofía moral. José Ortega y Gasset se refirió a un «principio de pantonomía»: frente a los saberes particulares, lo que hacemos los filósofos es tratar de integrarlos todos para concebir respuestas complejas a los asuntos que más nos importan. Lo hacemos convencidos de que sabemos muchísimo a estas alturas sobre qué nos hace sufrir y gozar, qué nos daña y nos eleva.

Como todo saber incorpora una medida de observación, es relevante subrayar que, en cuanto a la moral, no observamos solamente con el intelecto, sino también con el sentimiento. Quiere esto decir que uno de los órganos esenciales de la conciencia es un corazón bien cultivado. Respondía el doctor Rieux en *La peste*, la inmensa novela de Camus, cuando Tarrou le preguntaba por su moral («¿qué le mueve a ocuparse de todo esto?», a entregarse en cuerpo y alma a atender a los enfermos de la pandemia): *la comprensión*. Para saber que la vida de una mujer afgana es hoy peor, más injusta que la de una española, es necesario sintonizar con lo que vive aquella, es decir, hay que entender con el corazón (vergüenza y compasión) que ser privadas de educación, el acceso a muchas profesiones o la libertad de salir de sus casas es vejatorio e inadmisible.

Hay quien sostiene que introducir los sentimientos en la moral —su papel es esencial— nos aboca al subjetivismo. Nada más lejos de la realidad. Las emociones, como explica la neurociencia (especialmente los trabajos de Antonio Damásio), son información, informes que el cuerpo nos envía, y los sentimientos son interpretaciones de esos informes. La compasión no solo puede ser objetiva —si la información es fiable y la interpretación adecuada; alguien sufre: puedo y debo remediarlo—, sino que es imprescindible para entender la experiencia moral. La capacidad de ajustar el corazón a lo que experimenta otro ser humano determina nuestras opciones de indagar lo justo y bueno. Cierto que existen sentimientos erróneos, pero también ideas equivocadas; el esquema razón = objetividad y sentimiento = subjetividad quedó atrás hace tiempo. En definitiva, pese a que la tesis emotivista sea errónea («es moral lo que siento que es moral: mi sentimiento valida la bondad de un acto») y qué sea justo no *depende* de lo que yo sienta, sentir es necesario para *acceder* a casi todas las verdades morales.

Tenemos una muestra de este empirismo enriquecido que fundamenta la objetividad de la moral en la obra de Emmanuel Lévinas, quien sostiene que la base de esa objetividad es el reconocimiento de que tengo la obligación de hacer algo cuando estoy ante un prójimo que sufre. Es porque la vida humana merece verdaderamente la pena cuando el otro me importa —y la historia es testigo de qué ocurre cuando esto se desprecia— que hay comportamientos como asistir a un herido o impedir una agresión que son objetivamente buenos. En *Humanismo del otro hombre*, explica Lévinas que la relación moral nace en el rostro del otro, de quien soy responsable incluso a mi pesar, pues «el rostro se me impone sin que pueda permanecer sordo a su llamada, ni olvidarlo, quiero decir, sin que pueda cesar de ser responsable de su miseria».

Hay un último sentido de la objetividad moral que ahora toca abordar, uno que tiene que ver con los grandes principios que sustentan las mejores morales que el mundo ha conocido. Así como sabemos que la ciencia de la aerodinámica es correcta cuando traducimos sus hipótesis en tecnologías que vuelan, contamos con el estudio sistemático de «los acontecimientos pasados y dignos de memoria» para averiguar qué hace que una vida humana merezca la pena. En palabras de Theodor Mommsen en *Historia de Roma*:

> La experiencia de la humanidad saca provecho de la historia, panteón de sus glorias y de sus triunfos, pues a la luz de la comparación crítica lucen, para enseñanza de las generaciones venideras, lecciones y ejemplos dignos de imitación, y a la vez saludables advertencias de memorables escarmientos.

Lo explicamos ampliamente en *Ética para valientes*, y aquí corresponde hacer un resumen muy rápido. Hay una *premisa cero de la moral* que tiene dos postulados esenciales: todo sufrimiento (todo daño) evitable es un mal y toda vida humana no insoportable e irremediablemente sufriente es un bien; y hay dos *bienes internos universales*, la libertad y la igualdad de oportunidades. No entraremos aquí en los detalles de lo evitable o lo insoportable e irremediable, enjundia de la moral que se abordó en la obra antes citada. Lo que importa ahora decir es que cada vez que —y en la medida en que— no hemos respetado esta premisa y estos bienes internos hemos concebido sociedades cuya moral particular hacía que nuestras vidas fuesen francamente peores de lo que habrían sido si se hubieran respetado. Por eso esas vigas maestras, fáciles de relacionar con la cooperación, la confianza y la dignidad inalienable de los seres humanos, sostienen todos los edificios morales razonables que en el mundo han sido.

Digamos, para concluir esta parte, que negar la objetividad de un saber tiene consecuencias, a menudo dramáticas. Tomemos el lysenkoísmo. Basándose en la noción falsa de «herencia de caracteres adquiridos» (lamarckismo), Trofim Lysenko creyó haber hecho importantes descubrimientos agrícolas según los cuales las plantas podían ser modificadas únicamente por el ambiente, sin tener en cuenta su herencia genética. Como buen fanático comunista, Stalin pensaba que el agrícola no era un saber objetivo, sino subjetivo (ideológico), decretando que las ideas de Lysenko, por coincidir con ciertas tesis marxistas, serían las buenas, y además porque, de ser ciertas, esas tesis solucionarían el problema de desabastecimiento alimentario que sufría el pueblo soviético (he aquí el peligro del razonamiento motivado). Postuló entonces que existía una «ciencia soviética», con el resultado de treinta años de penuria añadida, a la que sumó la feroz persecución de los disidentes. Este suele ser el resultado de subjetivizar lo objetivo: que las disputas las resuelve la violencia.

«Todo deber ser se funda en el ser» —escribe Josef Pieper en *El descubrimiento de la realidad*—. «La realidad es, por tanto, el fundamento de lo ético. El bien es aquello que es conforme a lo real». En el séptimo apartado («miserias») nos ocuparemos de los lisenkoístas de la moral.

III. Objetividad moral y pluralismo

Lo que exponemos en este breve escrito no es solo cierta postura que podría llamarse «objetivismo moral», sino la tesis de que la moral, por ser un conocimiento, o bien es objetiva (está abierta a la verdad) o se autodestruye. Las respuestas a «qué hace que la vida sea buena, justa, que merezca la pena» no pueden ser subjetivas; tienen valor si y solo si hay algo que encontrar, y no son una mera descripción de lo que hay, como si todo lo que hay valiese lo mismo.

Es admitir que existe un bien universal lo que hace que cobre sentido discutir sobre asuntos morales para decidir qué es mejor y qué haremos. Debatimos sobre ello porque entendemos que hay planteamientos más verdaderos —más valiosos— que otros, es decir, más próximos a la realidad. Si no se diera tal objetividad y todo fuera un mero compartir preferencias, ¿qué interés tendría hablar sobre lo bueno y lo malo? Esa conversación sería una inconexa sucesión de descripciones: en Burundi tienen esto por bueno, esto otro les parece bien en Canadá, aquí mismo, hace quince siglos, resultaba justo aquello. «Yo creo que violar está mal, a mí me disgusta el *sushi*»; de este tenor serían nuestras disquisiciones morales. ¿Qué sentido tendrían entonces nuestras epopeyas? ¿Es Harry Potter mejor que Lord Voldemort, y Atticus Finch más justo que el racista Bob Ewell sencillamente porque hay más gente que los prefiere? ¿Es la Comunidad del Anillo un puñado de gente que «quiere otras cosas, sin más» a las que quieren Saruman, los Nazgûl y los orcos?

Las llamadas violaciones de honor, que son venganzas del grupo, son morales para los *gustavobuenistas* y, en general, para quienes despachan lo moral como un mero aspecto de la cultura, gente que además no puede justificar que sea una mejora que el grupo de referencia pase de la tribu a la humanidad entera. El propio Bueno, en el citado vídeo, queriendo distinguir ética (lo individual) de moral (lo colectivo), se refiere a la *vendetta* como una acción —moral— mediante la que el grupo se defiende de una ofensa, un planteamiento descabellado, no solo porque esa acción es inmoral a todas luces, sino porque solo son *agentes morales* los individuos: los grupos no «hacen» nada, hacen cada una de sus individualidades. Lo que Bueno y algunos otros confunden es moral y tribalismo. Y lo cierto es que hemos alcanzado cotas superiores de desarrollo moral precisamente superando los códigos de la tribu, esto es, descubriendo que la dignidad individual está por encima de las presiones de los colectivos.

No obstante, nada de lo hasta aquí dicho «zanja el debate sobre la moral». Los debates no se zanjan: se honran. Como no debatimos para vencer —una pretensión pueril—, sino para aprender, para acercarnos cada vez más a la realidad con nuestros juicios, de la objetividad de la moral no cabe deducir que estén de más los debates morales, incluso sobre la objetividad misma. En esto, de nuevo, la moral se iguala a las demás *scientiae*, e incluso a las ciencias. Quienes afirman que en las ciencias los debates se zanjan confunden la simplicidad del dato con la complejidad de las teorías y sus detalles, objeto de encendidas y vivas controversias. Con un importante añadido: puesto que somos humanos y tenemos que decidir, mientras algo se concluya objetivamente bueno hemos de atenernos a ello y cumplirlo, pues esa verdad nos obliga, de igual modo que son las consideradas mejores entre las teorías las que guían su aplicación práctica (la tecnología; recordemos el avión y la aerodinámica). Por lo demás, *nadie* sentencia nada en cuanto a lo que es objetivo; ahí está la gracia de lo universal. De igual modo que nadie *decide* que fumar es perjudicial para la salud, no hay ninguna autoridad *personal* tras la verdad «violar atenta contra la dignidad de la víctima».

Por descontado, este libro, que incorpora una teoría, puede ser desafiado, y si hubiese otra versión alternativa a lo que aquí se plantea, una serie de premisas y conclusiones que expliquen mejor la porción de la realidad que se aborda, una que abocase a la subjetividad de la moral y la inexistencia de un bien universal, debería ser tenida por más verdadera. Lo que la persona lúcida persigue no es que sus posturas sean las ciertas, sino tener posturas que sean ciertas, que es muy distinto; por eso cuida y ama algo que poco tiene que ver con el subjetivismo: el pluralismo.

Ahora bien: si el pluralismo, aspecto esencial de la democracia, es estimulante, es porque hay verdades que descubrir. Compartir meros pareceres apenas tiene recorrido, y no suele estar en peligro ni en las tiranías, porque no tiene que ver con «doctrinas o posiciones», que es lo que el *DLE* consigna que hay que reconocer en su pluralidad. Ilustremos esta aclaración con un saber que no puede igualarse a la moral, porque su campo epistemológico es otro: la estética, esto es, la investigación sobre lo bello. Una conversación sobre nuestros respectivos gustos musicales no es un debate, ni afecta al pluralismo que esa diversidad se reconozca, porque no hay lugar a controversia sobre lo subjetivo: a mí me gusta Beethoven, a ti te gusta Bad Bunny, estupendo. Cuestión distinta es qué música es objetivamente más bella; ahí sí es juicioso el debate, porque si bien sobre gustos no hay nada escrito, sobre el gusto sí que se ha escrito mucho, y además hay una prueba, la del tiempo, que en cuestiones artísticas suele dictar sentencia; es decir, hay vías para interpelar a la realidad y saber qué juicio es más cierto.

Mi experiencia es que son más bien los subjetivistas quienes muestran resquemor cuando de debatir ciertos asuntos se trata; por ahí, además de por socavar la moral, también empeoran la democracia. Esto no gustará a algunos autoproclamados pluralistas que lo son de pega y además se vanaglorian de demócratas: abrazar el pluralismo conlleva también asumir que ninguna ley cancela un debate sobre qué es lo correcto. Valga como ejemplo el estruendoso caso del aborto, que muchos de aquellos se empeñan en dar por finiquitado. Aportando una prueba adicional de que quien carece de moral solo responde a la ley, sostienen algunos que no se puede debatir sobre lo legislado, con la excusa de que son indefectibles «conquistas sociales», una expresión harto conveniente, por bélica, para quienes confunden el poder con el progreso.

De modo que el objetivismo no solo no empeora el pluralismo, sino que lo posibilita y le rinde homenaje, frente al subjetivismo, que lo arrincona. Añadamos esta nota final sobre el pluralismo, la objetividad y los debates morales:

los subjetivistas suelen decir que ellos están en contra de «imponer» una determinada postura moral, e imputan a los objetivistas una voluntad de imperar sobre otros, reservándose la curiosa superioridad moral de ser más «tolerantes» (¡aunque no puedan argumentar por qué es buena la tolerancia!). Pero ser un objetivista moral nada tiene que ver con conseguir que la ablación se erradique, digamos, haciendo desembarcar en el Sahel la Quinta Flota estadounidense. Esa es una cuestión política y distinta en la que desde luego no piensan distinto, de suyo, quienes sostienen que la moral es subjetiva y quienes la entienden objetiva. Los objetivistas constatamos una serie de hechos, y nadie es más violento por hacer tal cosa, por más que los sectores más lunáticos de la posmodernidad hayan visto una suerte de imposición en la mismísima existencia de la realidad.

IV. PROGRESO (Y SUBDESARROLLO) MORAL

Si hay algo que llama la atención es que proliferen los subjetivistas justo en las sociedades donde hay más personas que se dicen a favor del progreso, que siempre se refiere a cómo de bien o de mal vivimos y al avance de la justicia. Y ello porque, si no existiese lo objetivamente bueno, tampoco tendría sentido hablar sobre «progresar». ¿Respecto a qué punto de referencia sabríamos que avanzamos? Decirse progresista y subjetivista es un sinsentido del que no cabe escapar refiriéndose a los «avances sociales», pues para quien la moral es subjetiva no puede haber mejoras, tan solo cambios.

No hay caso: con independencia del cariz de nuestras decisiones (ese es otro asunto), la moral, como todos los saberes, progresa, es decir, cada vez responde mejor a su pregunta. De hecho, uno de los signos principales de que la moral es objetiva es que existe el progreso moral, y que somos capaces de detectar sus regresiones. Una mujer vive en España una vida mejor, más justa y digna (en términos globales), que hace doscientos o un millar de años. Y la vida es hoy más buena y justa para las mujeres en España que en Afganistán, que ha *involucionado* en cuanto han recuperado el poder los talibanes. Si podemos decir esto es porque existe una referencia, es decir, porque podemos ir a la realidad y preguntarnos qué hace que la vida sea digna y en qué condiciones vive o vivió una mujer por término medio en esos países y épocas. Y es por eso mismo que para quien ama el progreso no de boquilla, sino de veras, la moral ha de ser por fuerza objetiva. En ausencia de ese nexo con lo real que lo justifique, ¿quién se entregaría a las nobles causas, sino sin convicción alguna? ¿Cómo va uno a defender una vida mejor para los demás si no se sabe qué les hace bien y mal?

«Se progresa en función de la comparación de la situación real con lo que establece la Declaración Universal de los Derechos Humanos (DUDH)», responden algunos. ¿Y por qué nos parece buena la existencia de esa Declaración, y buena idea que se extienda su aplicación en el mundo? ¿Por qué la asumimos como referencia? Caben dos opciones para quien persiste en su subjetivismo. La primera puede parecer ridícula, pero yo no la descartaría, visto lo visto: «porque lo ordena la ONU». Ya hemos dicho que uno de los rasgos que sobresalen entre los subjetivistas es una fe en el poder por encima de la media, expresión lógica de su insensato respeto por «lo que hay». Vayamos a la segunda: «porque representa un consenso». Ocurre, no obstante, que considerar que el consenso es *objetivamente* bueno lo saca a uno del esquema subjetivista; y además que sabemos de innumerables ocasiones en las que se consensuó la barbarie, desde las Leyes de Jim Crow a las de Núremberg. Sabemos también que el disenso ante lo que *es* injusto es una constante del progreso moral, y que por eso admiramos a Dietrich Bonhoeffer y Martin Luther King, que combatieron contra normas mayoritariamente aceptadas en sus respectivas culturas, y abominamos de Adolf Hitler, exitoso muñidor de siniestros consensos.

«Demuéstreme» —dice el subjetivista— «que la DUDH de 1948 es moralmente mejor que la del Cairo, construida sobre la Sharía». Fácil. La declaración del Cairo dice que ambos sexos no tienen los mismos derechos; establece una superioridad del hombre sobre la mujer. Ahora bien: no encontraremos en ninguna parte hecho alguno que afirme esa superioridad del hombre. Ninguna ciencia, social o natural, ofrecerá una coartada para esa disparidad de derechos, y no porque no lo haya intentado, como lo ha hecho en cuanto a la mal llamada raza (la etnia). En consecuencia, la declaración del Cairo es menos justa que la DUDH. Hay todavía otra forma de plantearlo: sabemos, porque la historia es testigo, que la vida ha sido mejor, menos violenta, más digna, en aquellas sociedades en las que las mujeres no han estado subordinadas a los hombres. Como todo esto que referimos resulta falsable (historia, sociología, etcétera), afirmamos que, empíricamente, una sociedad es más justa cuando el sexo no establece desigualdades en el acceso a lo bueno más allá de las físicas e invadeables.

Con todo, para un subjetivista coherente la DUDH no supone ningún avance, y promover que su aplicación se extienda es un acto de imperialismo, porque lo que plantea no es mejor ni peor que la declaración del Cairo y así pues que la Sharía. Solo alguien que entiende (y es capaz de explicar) que existe un bien universal puede apoyar que exista una Declaración Universal que por definición ha de ser única (por ser la mejor disponible hasta el momento). En 1948, cuando la Declaración fue promulgada, había muchos menos subjetivistas. Digamos que las dos guerras mundiales enseñaron muchas cosas, por las malas, a este respecto. En el fondo, el subjetivismo es un *luxury belief*, en la terminología de

Rob Henderson, una de esas «ideas de personas privilegiadas que les hacen quedar bien pero que en realidad perjudican a los marginados». Es fácil constatar que el subjetivismo está sobrerrepresentado entre las clases pudientes. Las ideas son buenas o malas según se ajusten a la realidad, no según quién las sostenga; pero en este caso corresponde admitir que esa mala idea solo se la puede permitir quien está más alejado del mal, de su objetiva presencia.

Recuerdan algunos la célebre frase de Jacques Maritain: «Podemos estar de acuerdo sobre los derechos humanos, siempre y cuando no nos preguntemos por qué», entendiendo que aludía a la imposibilidad ontológica de la bondad de la DUDH, y por extensión de la objetividad de la moral. Lo cierto es que Maritain no tenía duda alguna de ese basamento (la dignidad universal del ser humano), si bien no se le escapaba que lo importante no era coincidir en una fundamentación filosófica única, sino alcanzar un acuerdo pragmático para que los derechos que reivindica se extendieran. La DUDH es un hito político que impulsa las velas de la moral en el mundo. Ética no es política: esta última entraña una moral de la convivencia, de modo que el consenso juega un papel central en sus mejores postulados, aunque no dé —Jim Crow, Núremberg— para justificar cualquier cosa.

Pese a todo lo expuesto, la mayoría de los subjetivistas prefieren ser incoherentes a quedar en evidencia, de ahí que saluden que algunas culturas eleven sus estándares morales, y hasta que la DUDH esté vigente en más sitios. En cambio, en lo que constituye otra incongruencia, rechinan los dientes cuando se les habla de que ciertos pueblos están «moralmente subdesarrollados» o que lo estaban nuestros ancestros. En cuanto a nuestros antepasados, la mención que se hace aquí al subdesarrollo no es adanista, ni implica un desprecio: se limita a insistir en el hecho de que el conocimiento —también el moral— avanza. No se refiere a las prácticas, que en algunos casos experimentan un retroceso, ni hace eso tan bobo de criticar desde los esquemas de hoy a quienes nos precedieron; confirma, al contrario, el privilegio de que gozamos quienes hoy sabemos a ciencia cierta, por ejemplo, que no hay jerarquía alguna entre mujeres y hombres, y por lo tanto no corresponde hacer distinción de deberes o derechos. ¿Puede alguien dudar que los griegos de hace veinticuatro siglos estaban moralmente subdesarrollados, y también físicamente, biológicamente, matemáticamente y, en fin, en *todos* los campos del saber? Eso no dice de sus prácticas respecto a lo que ellos sabían, en muchos casos superiores a las nuestras; no es enjuiciar lo que hacían, sino el estadio de desarrollo moral, biológico o médico en el que estaban. Recordemos que tampoco equiparamos unos y otros saberes; tan solo decimos que avanzan, porque acumulan. Y cuando recordamos que Aristóteles sostenía que las mujeres tenían menos dientes que los hombres, no lo hacemos —salvo los idiotas— para reírnos del que fue llamado «*el* filósofo», sino para recordar, en cambio, que gracias a él y a otros nosotros estamos hoy, en cuanto al saber, donde estamos. Nuestro deber es conseguir que un ciudadano de nuestra sociedad sepa al finalizar sus estudios más de lo que sabía Aristóteles, y lo que debería avergonzarnos es que estemos lejos de lograrlo.

Por lo demás, los estadios de desarrollo moral son un aspecto ampliamente tratado tanto por la psicología evolutiva como por la rama de la filosofía que se ocupa de lo justo y lo bueno. Jean Piaget, Lawrence Kohlberg y el resto han explicado que hay una escala que representa diversos niveles de conocimiento y actuación al respecto de lo que es justo. Los estadios no están exentos de disputa, a pesar de lo cual son intentos honestos de desentrañar una realidad accesible a cualquiera que haya tratado con personas, especialmente si ha tenido niños: hay modos más elementales —evitación de castigo y búsqueda de recompensas— y más elevados de enjuiciar lo que es justo. Kohlberg refiere, por cierto, que el sexto de esos niveles y superior comporta una moral que se rige por principios universales a los que se accede en el ejercicio de la propia conciencia, principios que van más allá de cualquier ley o contrato social.

Dice el narrador de *La peste*: «El mal que hay en el mundo proviene casi siempre de la ignorancia y la buena voluntad puede hacer tantos estragos como la maldad, si no es iluminada». Es justamente porque ese saber avanza que podemos juzgar como infames prácticas que hace un millar de años se entendían buenas o neutrales. Entre los casos más evidentes, la violencia ejercida contra los niños, que vivió épocas en las que estuvo relativamente normalizada, mientras que hoy, al menos en los países moralmente más desarrollados, nos parece inasumible. Por esta misma razón, mirar al mundo y encontrarlo todavía lleno de crueldad y barbarie no puede ser una prueba de que el progreso moral no existe, sino la constatación de lo torcidas que siguen algunas morales y conciencias, y también de esta obviedad: una cosa es el avance de la moral y otra que nosotros estemos a su altura. Demuestra dicho avance que hoy nos escandalicen comportamientos injustos que anteriormente estuvieron normalizados; he ahí la elevación del listón con que nos medimos. Pero, por supuesto, es cierto lo que leemos a la entrada del Museo del Holocausto de Berlín, que firma Primo Levi, a propósito de Auschwitz: «Lo sucedido puede volver a suceder».

V. Sobre el juicio y la autonomía moral

Para valorar en sus justos términos la objetividad de la moral hay que entender que lo que se abordan son los actos, y que, aunque se infieran algunas reglas, el meollo de la objetividad está en el juicio, las decisiones y las conductas, y no en los códigos. Es por no entender esto

que los subjetivistas plantean cuestiones mani-
queas como «puesto que matar no está bien ni
está mal, sino que depende del caso, la moral es
subjetiva». Matar está mal, porque la vida es el
mayor de los bienes y no cabe pensar una vida
buena sin vida misma. Es fácil inventar supuestos que entren en conflicto con normas abso-
lutas («no matarás»), pero lo que juzgamos en
conciencia no son actos abstractos («matar»),
sino concretos, y la universalidad del bien no
comporta que exista un articulado simple y su-
premo, sino una guía de acción objetiva.

Un ejemplo despejará dudas. Actuar en defensa propia es perfectamente moral, si es pro-
porcionado, aunque resulte que, si alguien nos
quiere matar, en el *aftermath*, como gráfica-
mente dicen los anglosajones, ese alguien resulte muerto. Esa muerte es una tragedia, pero no
cambia la realidad moral de mi acto; defender-
me de un ataque potencialmente letal es bueno.
En la misma línea hay que entender que el cristianismo, una religión sin la que es imposible
entender nuestro actual estadio de desarrollo
moral y cuya defensa de la vida es incuestiona-
ble, haya aceptado una doctrina, la de la guerra
justa, a la que dio su forma primera Agustín de

Hipona. La guerra que uno inicia y toda violencia que incita un ánimo depredador son inmorales; pero cuando se lucha por una causa justa, como hoy hacen los ucranianos y cuando no queda otro recurso, involucrarse en esas batallas hace que la vida humana merezca más la pena. Las muertes que inflige un soldado que defiende a los suyos de la invasión—y siempre que se respeten reglas de proporcionalidad y límites humanitarios— son, repitámoslo, tragedias.

De ahí que carezca de sentido colegir de no poder responder taxativamente a si mentir o robar está mal (depende) que la moral es subjetiva, porque en la moral no se califican los resultados, sino las acciones, y la casuística no es accidental, sino decisiva. Cabe imaginar incluso este escenario hipotético: en la sala donde el presidente de una superpotencia tiene en sus manos el botón nuclear y en funestas circunstancias se dilucida si debiera o no apretarse, dos generales que trabajan para el enemigo se abalanzan sobre aquel para matarlo, y uno de los miembros de su equipo de seguridad corre a salvarlo, con la mala suerte de que es él quien en el forcejeo acciona sin querer el botón y da lugar al comienzo de la última de las guerras, que resulta en la devastación de la Tierra entera. La acción de quien protege al presidente no puede decirse inmoral, aunque inmorales podrían ser muchas otras decisiones que llevan a ese fatal desenlace, empezando por las de quienes diseñaron los sistemas de seguridad o los protocolos nucleares; el Armagedón resultante hay que calificarlo de colosal tragedia.

Igualar «objetividad» a «existencia de un código simple» es una variante de la equivocación de Mackie, porque de nuevo consiste en buscar donde no corresponde, y esencialmente en ignorar los niveles de complejidad en cuanto a lo que indagamos. Esta es la premisa falsa de esta variante ramplona: si no hay una respuesta simple a la cuestión «qué hace que la vida humana merezca la pena, sea justa, buena» —si tengo que tomarme la molestia de atender a la casuística—, la moral es subjetiva. La objetividad está en el juicio, no en un reglamento; está en la consideración avanzada de lo humano.

Decimos «juicio» no en el sentido de «enjuiciar», pues ya se dijo que la moral apunta a la perfección propia; sino en cuanto a la facultad —intelectual y sentimental— y a la realidad a la que se apunta. En este sentido hay que entender también la autonomía moral, que es la capacidad de responder por uno mismo a las cuestiones planteadas al inicio de este ensayo y al resto de las que conciernen a la vida buena. Es moralmente autónomo quien ha desarrollado y así pues interiorizado argumentos certeros que se traducen en actos buenos; quien ha desarrollado una teoría moral suficiente y es capaz de llevarla a la práctica. Por ser la moral objetiva, dicha teoría no se *inventa*, sino que se *descubre*. Ser moralmente autónomo es ser capaz de razonar y sentir lo que está bien y mal sin necesidad de ser tutelado por otros; no es constituirse en dios, sino haber aprendido.

VI. Agencia y libre albedrío

Aunque nuestra conciencia siga siendo, en buena medida, un misterio, cada día tenemos más claro que las diferencias entre el cerebro animal y el humano no son de grado, sino cualitativas. El mayor tamaño relativo del nuestro ha dado lugar a una «reorganización» distinta; las dimensiones no explican por sí solas la mejor calidad, pues los neandertales tenían el cerebro más grande que nosotros. Aunque el cerebro no sea la mente (somos personas, no cerebros, y, para muchos, almas), la distancia entre el animal y el hombre es descomunal, entre otras cosas —o principalmente— porque entre ambos se produce el salto de la causalidad al libre albedrío.

Negacionistas del libre albedrío los ha habido siempre, aunque no demasiados, por ser una postura que, sin dejar de ser insensata, también es sofisticada; probablemente sea parte de su atractivo. *Decidido: una ciencia de la vida sin libre albedrío*; así se titula el libro del prestigioso divulgador y biólogo Robert Sapolsky, que también se ha pronunciado en los medios (de manera extendida en una entrevista concedida a Hope Reese para el *New York Times*) sobre este asunto. Orbitaré en torno a este autor en lo que sigue, pues sus tesis son paradigmáticas entre dichos negacionistas; si esta cuestión es crucial para nosotros es porque carecería de sentido afirmar que hay un bien universal si resulta que somos autómatas del universo.

La tesis determinista del autor dista de ser original: casi copia el intento fallido de Bertrand Russell en los cuarenta, del que después se desdijo. Sapolsky sostiene que no hay intención en nuestros actos, porque dicha intención «fue algo que ocurrió un minuto antes, [o] en los años previos». "Biólogo descubre que la conducta humana es un continuo de reflexiones, sentimientos y experiencias", podríamos titular la noticia. Añade Sapolsky que «para que exista esa clase de libre albedrío tendría que funcionar a un nivel biológico totalmente independiente de la historia del libre albedrío». Sabine Hossenfelder, investigadora especializada en física teórica y gravedad cuántica que se ha animado a añadir su propio dislate sobre este asunto —*Existential Physics*—, repite contundentemente esta premisa: «Para que tu voluntad sea libre, no debería ser causada por nada más». ¿Por qué, si puede saberse? La pregunta es al revés: ¿en qué tipo de albedrío fabulado están pensando Sapolsky y Hossenfelder? ¿Qué clase de voluntad inhumana es esa que para ser libre exige que no exista influencia externa de ninguna clase? Tengamos en mente en todo momento que el libre albedrío es la «potestad de obrar por reflexión y elección» (*DLE*), esto es, el hecho trivial de que los seres humanos nos debatimos y escogemos, por más condicionantes que haya. Por algún motivo, para estos deterministas solo es libre el albedrío que es «autodeterminado», esto es, aquel en el que los demás y el azar tienen efecto nulo. Si ambos concluyen que no somos libres porque no somos «los capitanes del barco» es porque piden que el barco sea unipersonal y flote en un inexistente mar sin una mala ola que lo despabile. Es solo una libertad disparatada lo que no tenemos; no parece una buena razón para escandalizarse.

La contra del libro afirma que Sapolsky «lleva su argumento hasta el final, montando un brillante asalto frontal a la agradable fantasía de que existe un yo separado que dice a nuestra biología lo que tiene que hacer». Uno entiende y respeta ese entusiasmo que es retórica benigna para vender libros; pero ninguna pila de adjetivos rimbombantes puede ocultar el fracaso de su empresa ni de qué lado está el ensueño. Lo que Sapolsky plantea es una obviedad mezclada con una falsedad muy obvia; sí, claro que somos biología y nuestro yo se asienta en ella; pero no es en el elemental nivel biológico en el que se resuelve nuestra existencia, de igual modo que, como dijimos, resulta romo y hasta chabacano reducir el amor a una combinación de neurotransmisores y cromosomas. Llamamos a esto que arruina las conclusiones del autor «error categorial». Gilbert Ryle explica en *El concepto de lo mental* que se trata de un equívoco semántico u ontológico en el que se confunden los niveles de análisis. Cuando ascendemos por esos niveles se producen lo que denominamos «propiedades emergentes», aspectos que no pueden reducirse al nivel anterior. Pensemos en una enfermedad como la diabetes y en tres niveles desde los que aproximarse a ella: células, órganos corporales y aspectos culturales y medioambientales. Hay causas de la diabetes a nivel celular, cuestiones genéticas, sin ir más lejos, que conviene entender. Si queremos conocer los efectos de la diabetes en el funcionamiento del corazón o el hígado, y cómo esos órganos, además, contribuyen a que prenda la enfermedad o la vadean, hay otras consideraciones que hemos de tener en cuenta. Y si aspiramos a saber algo más sobre cómo se propaga la enfermedad en las poblaciones está claro que hay cuestiones relativas a la cultura y el medio (alimentación, polución, otros) que debemos contemplar. Decir que la diabetes es una cuestión celular u orgánica es correcto; decir que su ocurrencia puede explicarse solo desde esos niveles es una tontería. Eso es lo que Sapolsky hace, ahíto de biología y huérfano de psicología, sociología y filosofía, por no mencionar las artes, que también nos informan de por qué y hasta dónde somos libres.

En 1983, Benjamin Libet concluyó a partir de una serie de experimentos en torno a un movimiento de la muñeca que la actividad cerebral inconsciente que guía la decisión consciente comienza aproximadamente medio segundo antes de que percibamos haber decidido conscientemente hacer el movimiento. Dejando a un lado las críticas al experimento (cuantiosas y justificadas), sostienen desde entonces algunos que «el cerebro» (sic) toma ciertas decisiones incluso antes de que seamos conscientes de que las hemos tomado. No obstante, que algo sea inconsciente no significa que esté fuera de mi control. De una parte mis decisiones pasadas moldean recursivamente mi inconsciente; de otra, mi inconsciente «también soy yo». Del inicio inconsciente de nuestras decisiones no podría deducirse que no seamos libres, sino que hay sistemas mentales de diversos tipos en los que nuestra voluntad se sustenta. Puedo reaccionar fulgurantemente a un extraño que pase cerca de mí propinándole un puñetazo; el hecho de hacerlo «sin pensarlo» no puede llevarme a concluir que no fui libre de evitarlo. Tampoco hay una causalidad determinista que lleve de las circunstancias socioeconómicas o familiares a los actos; una sola persona que se cría en una favela y lleva luego una vida decente —y hay muchísimas— lo desmiente.

Todavía hay quien apunta a escapar de este libre arbitrio aludiendo a que no somos un yo, sino varios. Aquí se inscribirían las confusas diatribas sobre el «yo auténtico», de raigambre romántica y aún muy vivas. La idea de un «verdadero yo» es un contrasentido, puesto que llamamos «yo» precisamente a esa voz única en que se manifiesta la conciencia (cuya quiebra cursa en una enfermedad terrible: la esquizofrenia). Los discursos sobre una pluralidad de yoes son más bien una prueba adicional de la existencia del libre albedrío, pues remiten a la experiencia de debatirnos entre diversos cursos de acción, pasiones o inclinaciones.

Por más circunstancias y atenuantes que existan, la agencia moral es un hecho. Y además es un hecho importante, soporte de la dignidad y constitutivo a su vez de la vida buena. Es la agencia moral de los individuos (frente a la falsa creencia en la colectiva) la que explica buena parte de nuestros progresos en esta área: la culminación del proceso de individuación en la afirmación de la dignidad inalienable del individuo. Por la misma razón, resulta descaminado hablar de moral en cuanto a las acciones del Estado de Israel, e incluso de la organización terrorista Hamás: ni el uno ni la otra son agentes morales, y la inmoralidad de asesinar niños o violar y decapitar civiles es solo atribuible a los individuos que cometen esas atrocidades, o a quienes los espolean, dirigen o financian. Las entidades y los grupos carecen de intencionalidad y de conciencia. Como se dijo, ética no es política, por más que esta última, para que el mundo sea mejor, debiera asentarse sobre sólidas —objetivas— bases morales. Por idéntico motivo, no puede decirse que una empresa sea moral o inmoral, pues solo lo son sus directivos, empleados o accionistas en cuanto a sus acciones.

El humano es el único ser que decide. Las máquinas no lo hacen, los minerales y las plantas tampoco, y los animales no hacen nada parecido, porque apenas aprenden, en puridad no se equivocan, no son agentes morales y en definitiva operan en el mundo «programados», casi sin otra guía de actuación que el instinto. Solo cabe hablar de una protomoralidad en cuanto a los animales; el modo en que, como otros deterministas, Sapolsky hace analogías con ellos, le impide ver el salto sustancial que entre la animalidad y la humanidad se produce. Por más matices que se añadan en el caso de los primates superiores, sabemos que el concepto de responsabilidad (correlativo al de libertad) nos caracteriza en exclusiva. La pregunta por la vida buena se refiere a la humana, y afecta a los animales solamente en la medida en que entendemos —decidimos— que tienen un papel que desempeñar en ella.

Que Sapolsky mire al mundo y encuentre que el concepto de culpa es absurdo, y que por lo tanto la moral no existe, constata la hondura de su ignorancia sobre el complejo fenómeno humano. En este sentido, la entrevista que le hacen en *New York Times* tiene momentos gloriosos. «Los estudios demuestran que cuando estamos sentados en una habitación que huele horrible, las personas nos volvemos más conservadoras en términos sociales», suelta Sapolsky.

De modo que fulano no eligió realmente votar a Trump: un cuñado suyo evacuó una ventosidad en su presencia en la última cena de Navidad y eso fue todo. ¿Qué lleva a una persona intelectualmente seria a confundir influencia con destino, hartos como estamos de ver personas que parecen tenerlo todo en contra que demuestran un comportamiento admirable y privilegiados que se conducen de manera innoble?

Para un determinista, nadie es bueno ni malo, porque no es libre; la moral es un espejismo. No hay miserables, porque no hay opciones, ni hay héroes, porque estamos abocados a nuestro destino. El arrepentimiento es una ilusión: nunca pudimos hacer otra cosa. «Los caminos se bifurcan de vez en cuando, pero no tenemos nada que decir al respecto», escribe Hossenfelder. No hay dilemas morales, porque siempre elegimos lo único que pudimos, lo que nuestra biología ordenó por su cuenta. Si alguien puso cuernos a su pareja, fueron sus hormonas; si alguien fracasó laboralmente, podemos unir los puntos hasta explicarlo según la microbiota de su intestino. Con esta elemental confusión entre fatalidad y circunstancias se ignoran experiencias de duda y elección tan repetidas como

triviales, y se las tacha de «fantasía» con el eufó-
rico gesto con el que los terraplanistas niegan la
redondez de la tierra. «Creéis que la Tierra no es
plana porque eso tendría consecuencias devas-
tadoras», ergo la Tierra es plana; esto es lo que
viene a decir Sapolsky. No cuesta entender
que este determinismo es el evangelio de la me-
diocridad y la cobardía, y el de la opresión, pues
el autor, tras negar la agencia humana, apunta a
instaurar «mecanismos sociales» para que el mal
(mecánico) no ocurra. Que considere «libera-
dor» afirmar que nadie tiene control real sobre
su comportamiento y que la moral no existe demuestra hasta qué punto anda perdido.

Seguramente la mejor frase de su entrevista, que reproduce una idéntica de su libro, sea
la que está bajo la distendida imagen que lo
encabeza, el biólogo y neurocientífico junto
a su perro: «Robert Sapolsky dejó de creer en
el libre albedrío a los trece años». Y es la mejor porque es la más honesta: no es que tenga
argumentos sólidos que ofrecer, la suya es tan
solo una creencia que para colmo acrisoló para
siempre siendo un imberbe. Causa rubor el or-
gullo con que exhibe esta convicción adolescen-
te; y que dedique todo un libro, a sus sesenta

y siete años, a racionalizarla. Como científico, Sapolsky debería saber que esta forma de conducirse es opuesta al rigor crítico, que opera al revés: investigar sin partir del resultado deseado y concluir con objetividad lo que corresponda.

«Todo organismo biológico no es más que una máquina biológica» —sentencia Sapolsky— «y nuestro conocimiento del hecho de ser máquinas no debe interferir con el hecho de que se trata de una máquina extraña que siente como si los sentimientos fueran reales». Sirva este estupefaciente enunciado para entender dónde está el mal del cientifismo. La ciencia es un empeño reductor; su método de abordar la realidad es parcelarla para, acorralando cada concreción, arrancarle sus secretos. La filosofía, lo hemos dicho, es el saber que integra todas las fuentes de saber disponibles para llegar a conclusiones robustas —si bien siempre provisionales— sobre cuestiones intrincadas, entre las que sin duda está la del libre albedrío. Y hasta debe darnos igual que Einstein (¡nada menos que Einstein!), a quien siempre acompañaron estas palabras de Schopenhauer, «el hombre puede hacer lo que quiera, pero no puede querer lo que quiere» (¿?), se declarase él mismo determinista, porque una cosa es ser un genio en un campo o incluso varios y otra concluir con tino sobre lo complejo.

VII. Miserias del nihilismo, el amoralismo y el relativismo: cómo empeora el subjetivismo el mundo

«Nadie existe por fin alguno. Nadie pertenece a ninguna parte. Todos vamos a morir. Ven y siéntate conmigo a ver la tele», dice uno de los personajes de *Rick y Morty*, una popular serie de dibujos animados. Son varios los productos culturales que, directa o veladamente, incitan al nihilismo, que camino de los dos siglos de edad goza, para nuestra desgracia, de una salud envidiable. Del latín *nihil* («nada»), la peor versión del subjetivismo consiste en creer que la vida no tiene sentido, que Dios no existe, que no hay libre albedrío ni lo justo es objetivo y que no hay más verdad que la que marca un férreo y estrecho materialismo. Ya hemos refutado el subjetivismo, del que los nihilistas tal vez sean los más ruidosos valedores; necesitamos extendernos aquí sobre sus tesis para entender adónde nos conducen.

Que hombres y mujeres deban tener los mismos derechos y deberes es para los nihilistas una mera convicción que solo se debe a que estamos en la sociedad que estamos. Puesto que toda afirmación moral es falsa, quienes practican la ablación no están moralmente equivocados, tan solo tienen otras preferencias. Cuando alguien afirma que «la ablación es inmoral» tan solo hace dos cosas: expresarse y tratar de influir en otros para que compartan esas preferencias. Para un nihilista existe el realismo cromático —«la silla es roja»—, pero no el realismo moral —«violar a un ser humano es malo»—: nada puede demostrar que eso sea cierto, ni que la vida de las mujeres afganas sea más justa o mejor hoy que la de las españolas. A pesar de declararse positivista y naturalista, un nihilista no sabe nada del placer y el dolor, ni qué son el miedo, el estrés o la angustia; ahí se olvida: el bien y el mal no son más que ilusiones cognitivas.

Por negar que exista una experiencia universal humana (con todos los matices, grises y asuntos cuestionables que puedan imaginarse), el nihilismo no es solo científicamente descabellado; también carece por completo de compasión. En su crítica irascible a la modernidad —y a su columna vertebral, justamente cristiana, que «tomó partido por todo lo que es débil, humilde»—, Nietzsche entendió que su conclusión lógica es el nihilismo pasivo (compasivo): «La compasión está en contradicción con las emociones tónicas que elevan la energía del sentimiento vital [...] dificulta en gran medida la ley de la evolución, que es la ley de la selección» (*El Anticristo*). Su propuesta fue pasar a un nihilismo activo, el *Übermensch*, el *superhombre* creador de sus propios valores. Lo que sugirió abrió la puerta a desastres incalculables, pero nótese que él quería combatirlo (lo llama «el más siniestro de todos los huéspedes» en uno de sus *Fragmentos póstumos*), mientras que a un nihilista de hoy no le inquieta que la compasión pueda ser una mera preferencia (y hace falta mucha ignorancia histórica para afirmar que la vida humana no es mejor ni peor porque la compasión se extienda). Lo mismo sucede con la muerte de Dios, que Nietzsche proclama con horror e incluso sentimiento de culpa —«¿Cómo pudimos bebernos el mar? ¿Quién nos dio la esponja para borrar todo el horizonte?», se pregunta en *La gaya ciencia*—, mientras que los nihilistas actuales la saludan con atolondrado alborozo.

Gianni Vattimo es uno de los principales autores del nihilismo contemporáneo. Pope del multiculturalismo, afirma este autor que todo relato con pretensión de verdad es una forma de imposición, y que lo «verdadero» no es más que un instrumento de poder, y la objetividad una invención para justificar el dogmatismo y la violencia. Es cierto que la *pretensión* de verdad puede usarse para sojuzgar; pero colegir de ahí que el problema está en la verdad misma es como negar que existe el amor porque hay quien en su nombre mata (negación que también ha hecho suya el posmodernismo). Denomina Vattimo a esa pretensión de verdad «neurosis»; como alternativa, propone al «ultrahombre», versión remozada del *superhombre* que supera ese neurótico estado aceptando que en el mundo solo hay relatos. No hay hechos, solo interpretaciones: «pensamiento débil» es el nombre que da a su tesis, mediante la que pasa de la metafísica («no existe un orden objetivo del ser») a la moral. La libertad, nos dice, nace de esta conciencia de que nada es verdadero; solo existe una pluralidad de opciones.

En un giro de los acontecimientos que caracteriza a la posmodernidad, es neurótico quien cree que el bien, la verdad, el amor o la belleza existen e importan. La realidad, tozuda, afirma lo contrario. Aquí viene a cuento recordar lo que Donoso Cortés advertía, que «levantamos tronos a las causas y cadalsos a las consecuencias». Eso es exactamente lo que estamos haciendo: hablamos sin descanso —histéricamente— de salud mental y de la necesidad de que haya psicoterapeutas de la Seguridad Social y no prestamos la debida atención a nuestro desmesurado consumo de antidepresivos y ansiolíticos, mientras apenas nos dedicamos a localizar y desbaratar las causas. Algunas de ellas son socioeconómicas, y, en este sentido, los gobiernos que traen prosperidad y justicia mejoran la salud mental de sus ciudadanos. Tener un trabajo digno, llegar a final de mes y poder descansar de cuando en cuando, viviendo según parámetros de incertidumbre razonables, son en verdad elementos que nos alejan de las benzodiazepinas. Pero esa es solo la mitad de la historia. La otra, oculta bajo un culpable silencio, es que hay gente mentalmente enferma por motivos morales.

Mucha de la gente que se rompe lo hace porque al menor cimbreo de la coyuntura sus estructuras personales colapsan. No es de extrañar que sean precisamente los jóvenes, a quienes hemos descuidado educar en los sentimientos morales, en los principios, en su autorrespeto y en todo aquello que moralmente los funda, quienes más estén sufriendo esta plaga. Su aluminosis es en no poca medida nihilista: cada vez son más los convencidos de que sobre lo bueno y justo nada puede afirmarse. Dicho con otras palabras: a muchos de quienes sucumben a la ansiedad o la depresión o la angustia «no les pasa nada», en el doble sentido de que ni padecen una patología ni las circunstancias por las que pasan constituyen insalvables traumas, sino que es gente moralmente perdida. Y lo que ha pasado, también, es que hemos empezado a considerar que la vida en sí es una enfermedad, incurable y mortal de necesidad, de igual modo que el ser humano es tenido por una afección del planeta, porque en esas estamos, en *patologizar la existencia.* Quien no cultiva la conciencia y tiene un proyecto de sentido sufre constantemente, por no saber a qué atenerse. La posmodernidad que concluye desde el «pensamiento débil» que todo principio rector nos sobra y que la vida carece de sentido fabrica en serie chavales y luego ciudadanos en blanco, súbditos y consumidores torneados de un barro que a la mínima se derrite.

En la línea nihilista de Vattimo hay que entender la ideología transgénero, que ha atropellado a tantas mujeres y dañado a incontables menores. Sirviéndose de una jerigonza canalla, Judith Butler y otros autores afirman que el género es un artificio social, que lo femenino es «una noción inestable» que tiene un «significado tan problemático como el de "mujer"» y que la reproducción es una imposición del «sistema de heterosexualidad obligatoria», entre muchos otros desvaríos. Al separar el sexo de los géneros, permite esta ideología que estos proliferen hasta conformar nuevas pesadillas identitarias, con el aplauso del mercado y en perjuicio del feminismo, que para ser fuerte ha de estar unido. Este es el origen de las «personas menstruantes», de un feminismo sin mujeres, esto es, sin sujeto político. Y así es como pasamos de que haya el necesario respeto a las inclinaciones sexuales de cada uno al «cuerpo como construcción social» y al sexo binario como una imposición del sistema, y a los bloqueadores hormonales para niños y la proliferación de los suicidios causados por mutilaciones y confusiones consentidas, cuando no espoleadas por algunos padres, y legalizadas por políticos que deberían estar en la cárcel.

Explicaba Dostoievski en una de sus cartas que si la juventud rusa de su tiempo se había infectado de nihilismo no era por su culpa: «Saben que están indefensos frente a estas estupideces, y las toman por perfección [...] Los inocentes están convencidos de que el nihilismo les da la oportunidad más completa de exhibir su actividad y libertad cívica y social». Así concibió a su Raskólnikov en *Crimen y castigo*, terminando sus días en Siberia sin todavía entender qué había de malo en su doble homicidio y arrepentido de haber ido a delatarse («¿Qué significa vuestra criminalidad?». Mi conciencia está tranquila»). Es a los irresponsables adultos que por motivos crematísticos y fanáticos expanden sus maldades, infectando a los inmaduros, a quienes, como a Sauron, hay que combatir hasta que sean derrotados.

En *La abolición del hombre*, C. S. Lewis se refiere a una escena que recoge el llamado «libro verde», un texto de secundaria para la asignatura de Lengua. En dicha escena un grupo de turistas visitan una cascada en medio de las montañas cuando uno de ellos exclama: «¡Es sublime!». El turista no se está refiriendo a lo que es, en sí, la cascada, sino a los sentimientos que en él depara, que son «sublimes», y así lo aclaran los autores. La aclaración parte de la convicción de que cualquier juicio de valor se refiere siempre al estado emocional del sujeto, sin que constituya descripción alguna de la realidad externa. Lewis sabe ver que en ese planteamiento hay consecuencias éticas que son mucho más lesivas que las producidas por la confusión estética. Ha detectado el origen del virus posmoderno, el emotivismo que prefigura a Vattimo y Butler. No se trata, ya se dijo, de descartar los sentimientos como aproximación a la realidad, sino de enseñar que hay sentimientos adecuados e inadecuados. La salida al subjetivismo y el emotivismo no es el olvido del corazón, sino un corazón cultivado.

El subjetivismo todo lo desvaloriza: convierte en banal cuanto toca. Por confinar cada conducta en un tiempo y lugar y establecer que lo moral es un asunto de costumbres sin referencia a ningún valor real, redunda en que no haya razón para interesarse por nada que nadie considere valioso. Lo particular no deja de ser intrascendente, y no hay por qué tomar en serio una práctica que mañana desaparecerá sin que nadie lo lamente, porque no anunciará un retroceso o un avance, sino un mero cambio. Al fin y al cabo, ¿no se modifican sin cesar las culturas y hasta los individuos, en cuanto a sus criterios morales? De ser la moral subjetiva y como apuntaba Nietzsche, no habría modo de distinguir al sofista del filósofo, y todos seríamos abogados que no creen que existan crímenes y tan solo se sirven de las leyes. En estos términos tampoco cabría concebir una humanidad, sino una infinidad de conjuntos disjuntos, tribus que, aunque puedan suscribir pactos de no agresión, resultan irreconciliables. No hay prójimos en el universo subjetivista.

En un artículo que José Alejandro Vara titula en el diario *Vozpópuli* "Cuando lo inmoral es lo correcto", a propósito de la escandalosa colaboración del etarra Mikel Antza con varios ayuntamientos navarros (coordinando grupos de lectura en bibliotecas públicas), y ante la —lógica— protesta del Colectivo de Víctimas del Terrorismo en el País Vasco (COVITE), que calificó el hecho de «como poco, INMORAL» (mayúsculas suyas), el articulista escribe: «Por desgracia no lo es. Porque inmoral es aquello que va contra las costumbres de un tiempo o un lugar. Y desde hace décadas, en el País Vasco y en las zonas vascófonas de Navarra, la complicidad con ETA es una costumbre muy arraigada que ha generado incluso tradiciones recientes». Aquí tenemos reflejado uno de los peligros principales del subjetivismo: nos desprovee de un vocabulario para luchar por lo justo y mina de esa manera que muchos se unan contra lo abyecto.

No es solo el modo en que desactiva la lucha contra el mal; el subjetivismo nos daña porque nos conmina a un mundo de imposiciones. Imaginemos una nueva ley que colocase en inferioridad de derechos a un sexo respecto al otro, por ejemplo, al hombre respecto a la mujer. Hipoteticemos que se legislase de tal forma que el hombre perdiese en ciertos casos su presunción de inocencia, que tuviese que ser él quien probase, ante una denuncia por maltrato, que no hizo aquello de lo que se le acusa. ¿Estaría justificado que nos indignásemos si la moral es subjetiva? De ningún modo: al no existir verdades morales, quien tiene el poder se impone sin que haya argumentos para discutirle. Es porque sabemos que el bien existe que entendemos el dolor de Antígona cuando Creonte le impide enterrar a su hermano, amparándose en lo que ha legislado, la protesta de la hija de Edipo («jamás creí que tus decretos, siendo un mortal, tuvieran fuerza suficiente para violar las leyes no escritas e inquebrantables de los dioses») y el castigo que recibe Creonte por desdecir a aquellos.

Una cosa es abrazar la variedad humana, y promover el intercambio de pareceres respecto a lo que es justo —pluralismo—, y otra muy distinta decretar la equi-valencia de todos los modos de comportarse. Como escribe Russell en *Sociedad humana: ética y política*, «un código moral puede ser mejor o peor que otro [...] La ética, por tanto, no se reduce al precepto único: "Haz lo que tu comunidad aprueba, y evita lo que desaprueba"». La indiferenciación que propugna el nihilismo concita oscuridades.

Hay un subjetivismo menos contundente que el nihilista, aunque de consecuencias parejas: el amoralista. El amoralismo ha tenido varios rostros, y, en los últimos tiempos, autores que lo defienden con denuedo. El nihilismo se comporta con prepotencia; el amoralismo es más bien ingenuamente inmaduro. Detecta uno entre los amoralistas cierta decepción con el mundo, la constatación de que los mejores principios muchas veces no se aplican y de que existe la hipocresía; quienes se valen de la excusa moral para hacer avanzar su propia agenda los descorazonan hasta el punto de renegar de la lógica. Componen, en este sentido, gestos de niño enfrentado a la dureza del mundo, que a fin de cuentas y como decía Freud no es una guardería. En *The Moral Fool. A Case for Amorality*, Hans-Georg Moelle escribe que «la sociedad en la que se hable mucho de moral no tendrá menos delitos [...] el lenguaje moral [...] parece ser parte del problema, no la solución», lo cual está entre lo trivial (¿quién ha dicho que hacer lo justo se reduzca a hablar de ello?) y lo falso (se ha discutido mucho más el asunto en el primer mundo, donde se delinque menos). La moral, a su juicio, es redundante, y puede sustituirse por el amor en lo íntimo y la ley en lo público, «los dos antídotos más importantes de la moralidad». Dice este autor además que el progreso moral es un mito (las «creencias de lujo», de nuevo), e intenta impugnar el diccionario con esta alucinante cita: «No creo que las cuestiones sobre la guerra, el derecho al voto, el trato a las minorías étnicas o sexuales o el medioambiente sean fundamentalmente cuestiones morales».

Entre las visiones más pujantes del amoralismo encontramos la «teoría del error moral», que debemos también a Mackie, que sostiene que todas las afirmaciones morales son falsas, en virtud de dos argumentos: que implican un (falso) internalismo motivador (la idea de que hay una conexión necesaria entre el juicio moral y la motivación para actuar) y que hay quienes no están de acuerdo con las razones que sustentan sus juicios (como los psicópatas, añadimos nosotros). Su consecuencia ha dado en llamarse «abolicionismo moral», la propuesta de que dejemos de hablar en términos morales, al igual que ya no lo hacemos en términos astrológicos. Richard Garner ("Abolishing moralism") dice que acabar con el «ficcionalismo moral» (toda afirmación sobre lo que es justo y bueno) incrementaría la tolerancia y el «compromiso» (¿con qué?) y que reportaría más beneficios (¿está diciendo que sería mejor, más bueno?). Sugiere que el lugar de las disquisiciones lo ocupe «la experiencia personal» y que «ya iremos viendo cómo funciona la cosa». Joel Marks ("An amoral manifesto") apunta a las ventajas del «deseísmo», para evitar «conceptos vagos» como el deber o la virtud y por ser más «flexible» e «inclusivo» —Zygmunt Bauman diría «líquido»—, favorecer el «desarrollo personal» y ser «más práctico» que el objetivismo. Marc Krellenstein ("Adopting Moral Abolitionism") escribe que «adoptar el abolicionismo apoya y quizá fomenta una promulgación más abierta o libre de culpa de comportamientos "inmorales" que muchos ya cometen o querrían cometer, lo cual podría proporcionar beneficios personales aunque se incurra en potenciales costes», una afirmación que no requiere ulterior comentario.

Por su parte, el relativismo progresa en la posmodernidad a partir de una lectura sesgada de Wittgenstein y sus «juegos del lenguaje»: para Foucault, la moral responde exclusivamente a relaciones de poder; Lyotard considera que cada práctica —incluida la ciencia— es una metanarrativa inconmensurable; Derrida afirma que las normas morales están abiertas a reinterpretación constante. Tras mayo del 68 y su desembarco en Estados Unidos, hablamos de corrientes académicas cuya influencia tiene talla mediática. Este relativismo recibirá un empujón adicional con al auge del estructuralismo (Lévi-Strauss, Barthes), para el que los sistemas morales son meras construcciones culturales que derivan su significado y validez de las relaciones entre valores, normas y prácticas en el seno de una comunidad específica. El estructuralismo traza el puente entre el relativismo cultural y el moral: lo que hay es lo que debe haber. Lo que el estructuralismo plantea partiendo de estructuras subyacentes, el constructivismo se lo atribuye al sujeto y a los consensos entre individuos; nada es para los estructuralistas bueno o malo de suyo, aunque reconozcan ciertos estándares de razonabilidad públicos.

Se equivocan quienes creen que combatir el subjetivismo —nihilista, amoralista o relativista— es una cuestión académica; las ideas, una vez aceptadas, producen efectos. Véase si no el caso en nuestro país de un violador múltiple a una menor que vio rebajada su pena porque «en la cultura gitana las uniones de pareja se producen a edades muy tempranas», con la consiguiente y justa indignación de la Asociación de Mujeres Gitanas, que calificó la sentencia de «aberración». Cuando el relativismo moral se esgrime como atenuante ante un tribunal, su ponzoñosa mugre queda al descubierto. En *Mi trayectoria intelectual*, dice Isaiah Berlin: «No soy un relativista; no digo: "me gusta mi café con leche y a usted sin ella; estoy a favor de la bondad y usted prefiere los campos de concentración": como si cada uno de nosotros tuviese sus propios valores, que ni se pueden solapar ni integrar. Yo creo que esto es falso». La mayoría de los seres humanos, afortunadamente, estamos de acuerdo; pero habrá que luchar para que esa mayoría no pierda terreno, como en los últimos años ha estado haciendo.

Hay otro punto ciego importante en la perspectiva relativista: el deber. Como escribe Robert Musil en *El hombre sin atributos*, «el deber es lo que la humanidad, en justa autovaloración de su debilidad, ha levantado contra su propia debilidad». ¿Cómo atender al deber cuando la moral convencional (la moralidad) valida lo injusto? ¿Y acaso no es la posmodernidad la era de la *derecholatría*, la idolatría de los derechos que silencia los deberes? Para entender el impacto de que el deber desaparezca del mapa, valga este ejemplo de nuestra sociedad consumista: en cierta ocasión, luego de mostrar a mis alumnos el drama del vertedero de ropa usada en el desierto de Atacama, le pregunté a una chica, que antes se había declarado vehementemente ecologista, por qué compraba ropa de mala calidad cada semana, a lo que me respondió: «Es que yo, como hija de mi tiempo, soy una esclava de la moda». ¿Cómo podría un relativista hacerle ver su incongruencia? El deber es el fundamento del bien; y si cabe decir que es justo que la persona se subordine en cierta medida a su sociedad (pues lo exige el contrato social que sustenta la convivencia), dicha sociedad está subordinada al bien, sin el cual el medio social carece de legitimidad —moral— para exigir nada al individuo.

Quien entiende qué es la moral comprende que se puede estar moralmente equivocado y que existen las verdades morales. Como es de suponer, esto lo niegan quienes apelan a «respetar todas la morales», pues incluye dar por buena la costumbre de los korowai de Nueva Guinea, que someten a un rito de paso brutal con consecuencias mortales a sus niños, al tiempo que los consideran ignorantes por creer que cura la magia y no los medicamentos. Lo cierto es que el ser humano es capaz de equivocarse respecto a cualquier cosa, no solo sobre cómo se vence a las enfermedades (y saber qué es justo y bueno no es tarea más sencilla). Se da una incongruencia adicional en los relativistas, que sí creen en la existencia de obligaciones morales, según el patrón «allá de donde fueres, haz lo que vieres», una norma ambigua donde las haya. ¿Se refiere a los oriundos del lugar o a los que comparten la etnia? ¿Es según me educaron o si estoy empadronado en el lugar en el que existe aquella cultura? ¿Y qué pasa si soy judío americano, qué códigos he de respetar entonces? ¿Qué pasa con la multitud de subgrupos que en los grupos los relativistas no detectan? ¿No implica ese «allá» una generalización grosera?

Los relativistas suelen calificar de «imperialistas» a quienes sostienen que hay un bien universal cuando coincide con los estándares occidentales. Pero ¿no es aducir «son sus costumbres» para convalidar que las afganas no tengan acceso a la educación una forma de racismo, o como poco de condescendencia? Resulta pasmoso, en este sentido, que haya mujeres en Occidente lógicamente preocupadas por la violencia que se ejerce contra ellas que sean capaces de ignorar que hay culturas que no las consideran seres humanos en pie de igualdad con los hombres, y que consideren racista decir que es un problema muy serio que en los barrios donde ellas viven abunden a causa de la inmigración personas que las tienen por inferiores por mor de la Sharía u otras culturas en las que las mujeres son violadas y asesinadas a tasas aquí inimaginables. No quiere esto decir que haya que estar en contra de la inmigración (quien emigra escapa a menudo a situaciones injustas), sino empezar por reconocer que en ningún lugar del mundo tienen las mujeres los derechos y oportunidades que tienen en Occidente y que supone un desafío integrar *moralmente* (que no «culturalmente») a algunas de estas personas. No sentirse orgulloso de lo que Occidente ha conseguido en cuanto a eso —sin complacencias: queda mucho por hacer y son muchos sus otros defectos— es de ser un acomplejado, además de un ignaro.

El subjetivismo no nos hace más tolerantes, sino más indiferentes: nos ofrece una coartada para no mancharnos las manos con el mal ajeno. Para empezar, recordemos que sobre lo objetivo nadie decide, y que por lo tanto la imposición y el fanatismo son sobre todo subjetivistas. Para seguir, quien afirma que «no debemos imponer nuestros puntos de vista morales» lo que propone es abandonar a su suerte entre otras a las niñas mutiladas por la ablación (tres millones cada año). Cuando hablamos del bien universal nos referimos a un conocimiento que es de todos y a conquistas reales que pertenecen al ser humano en su conjunto, sin importar donde se den ahora más a menudo (ese dónde no es casual, naturalmente, pero ese es otro asunto). Digámoslo de nuevo: es demencial que alguien se declare a favor del progreso y esté dispuesto a un retroceso en los estándares morales, especialmente en lo concerniente a la mitad de la población que hasta hoy llevó la peor parte.

En *Tras la virtud*, MacIntyre escribe que «no parece que haya un modo racional de asegurar un consenso moral en nuestra cultura», para resaltar después cuál es la neblina que se ha instalado en nuestro tiempo, «la apariencia de una inquietante arbitrariedad privada». Cuando algo puede explicarse, el consenso es una perspectiva razonable, y es cuestión de tiempo que el bien se imponga y perdure. Cuando no es así, solo cabe negociar una componenda inestable que arruinará el próximo giro en el equilibrio de fuerzas. Allá donde no hay fuerza de la razón, se impone la razón de la fuerza. ¿Quién quiere entonces el subjetivismo? El poder y el irresponsable que no quiere que su conciencia lo perturbe. «Hay una verdad que he aprendido: en democracia, la verdad es lo que los ciudadanos creen que es verdad», oímos decir hace un tiempo a un expresidente del gobierno flanqueado por otro expresidente y el presidente en activo. «Esa verdad que creen los ciudadanos que es verdad, se traduce en decisiones de voto», seguía diciendo aquel, «y esas decisiones de voto nos llevan o nos alejan del poder». Aquí está expuesto el programa al completo, un programa que no sabe de izquierdas o derechas y que compromete seriamente nuestra convivencia presente y futura.

Lewis expuso cómo la connivencia de quienes llamó el Innovador y el Manipulador abría la puerta para que el poder arramplara con todo, una vez retirados los obstáculos de los principios morales universales y la dignidad misma; su texto vio la luz en 1943, en medio de una guerra a muerte contra el totalitarismo.

Nihilistas, amoralistas y relativistas sobrestiman al grupo en detrimento del individuo; en este sentido se los puede denominar indignos. Por lo mismo, no sorprenderá al lector saber que Vattimo alabó y dio cobertura intelectual a diversos movimientos dictatoriales sudamericanos, de Chávez a Castro.

Nuestros males políticos de ahora tienen mucho que ver con la ceguera ideológica, que nos lleva a perdonar a «los nuestros» lo que afeamos a nuestros adversarios. Porque «los nuestros» son los buenos, por supuesto, y así pues solo pueden hacer el bien, hagan lo que hagan y sea cual sea la bandera que enarbolen. Esto, además de ser combustible para la polarización, propicia que menudeen los mandatarios sin escrúpulos, desalmados que vuelan con las alas del subjetivismo. Dice Tomás Moro (Paul Scofield) en *Un hombre para la eternidad* —la obra maestra que dirigió Fred Zinnemann— que «cuando los estadistas abandonan su conciencia privada en aras de sus deberes públicos conducen a su país directamente hacia el caos»; solo desde la existencia de lo objetivamente correcto puede comprenderse la lucidez de su aserto.

Los malos argumentos que niegan la objetividad a los juicios morales no son un entretenimiento intelectual: ocasionan desastres. Porque si no hay nada que esté bien o esté mal, ¿por qué íbamos a luchar por hacer que el mundo sea cada vez más justo? ¿Por unas preferencias? Esto es justo lo que las morales inferiores aducen cuando se les pide que avancen: que es un imperialismo occidental (forzar a los demás para que adopten nuestras preferencias) el que induce a intentar cambiar, por ejemplo, las condiciones de la mujer en los países musulmanes. Lo que aquí se ventila no es filosofía de salón en modo alguno; cuando se habla de la moral es muy importante recordar en todo momento que estamos hablando de gente de carne y hueso que ríe o llora, sufre o disfruta, sobrevive o muere.

VIII. EDUCAR EN VALORES *VERSUS* EDUCAR EN EL BIEN

Ya hemos dicho que son el juicio y los principios de la dignidad, los *bienes internos universales* y la doble *premisa cero* de la moral los que, objetivamente, nos conducen a vidas y por lo tanto sociedades mejores. También hemos apuntado al error de los amoralistas de hacer pivotar la moral sobre lo que no corresponde, los valores, y ahora toca ser más rotundos sobre esto: los valores no cumplen función alguna en la psicología moral y centrarnos en ellos nos despista. En puridad, los valores no existen, es decir, no son más que una manera de conceptualizar lo que tienen en común determinados actos. No hay una estación de paso ni un filtro de valores previo a nuestras acciones; no «tenemos» valores, como a menudo decimos, sino que somos lo que hacemos. Además, tratar de averiguar los valores de alguien es darse de bruces con los vericuetos de la autoimagen, las convenciones sociales y otros obstáculos psicosociológicos que nos escamotean la verdad moral de nuestras conductas. Los valores subsisten perfectamente en el terreno de las meras intenciones. Pretender que los «grandes valores» que uno «tiene» prueben la propia valía es sustituir la moral por el moralismo; es usual que al toparse con quien hace gala de superioridad moral se encuentre uno con un baúl rebosante de excelsos valores que su supuesto poseedor abre una y otra vez para deslumbrar a propios y extraños. De ahí que cuando Mackie afirma que no existen los valores morales objetivos no haya que entretenerse mucho en refutarle, porque ha equivocado nada más empezar el meollo del asunto.

En función de lo anterior ha de entenderse estrambótica la contemporánea pretensión de «educar en valores», cuando lo único que tiene sentido es «educar en comportamientos», que es también «educar en principios». Si lo que queremos es un país mejor, ciudadanos mejores, lo que necesitamos es educar en el bien, es decir, cultivar las conciencias en lo objetivamente bueno. Para ello tendríamos que hacer varias cosas que no estamos haciendo. Para empezar, deberíamos exigirnos que un adulto de nuestro país culminase su educación secundaria sabiendo explicar, *dirigiéndose a la realidad*, por qué está mal violar y por qué la vida de una mujer en Afganistán es hoy *moralmente inferior* a la de una española. Se nos llena la boca hablando de la violencia de género y ofrecemos por toda solución admoniciones y homilías laicas, sin mover un dedo para cultivar el juicio moral de nuestros jóvenes, que es lo que necesitan.

Quien crea que esa es materia superada en nuestro país u otros parecidos al nuestro se equivoca de medio a medio. Son innumerables quienes aducen que la razón de que violar esté mal es que quien lo sostiene ha sido educado en una determinada cultura, y en particular en la doctrina moral del cristianismo. Está claro que ser educado cristianamente supone una «ventaja competitiva», puesto que las religiones, singularmente la cristiana, incorporan un valioso saber sobre lo correcto (tal vez sea por eso que tantos padres ateos llevan a sus hijos a colegios cristianos). Pero esa no es la razón por la que sabemos que violar está mal; y decir que la razón de que violar sea inmoral es que uno se educó en una cultura occidental es un insulto a la inteligencia y por añadidura a las víctimas.

Tomemos un ejemplo de la biología para entender la importancia de este punto. Si pregunto a alguien con la formación suficiente por qué es la teoría de la evolución la mejor explicación de lo que hoy son, biológicamente, los seres vivos, y ofrezco a mi interlocutor dos opciones, la A «porque recibí una educación científica en una sociedad occidental», y la B, «porque el registro fósil, la anatomía comparada, la genética y la biogeografía demuestran los mecanismos de la selección natural y la adaptación y permiten hacer predicciones», por abrumadora mayoría la opción B sería la escogida. Es entonces una afrenta que tantas personas completen su periplo educativo optando, respecto a la moral, por la opción A, y sin ser capaces de pergeñar la correspondiente B por sí mismos, demostrando con ello que en esa educación hay vergonzantes socavones en términos científicos y humanistas, además de los específicamente filosóficos.

Como hemos visto, Lewis ya refirió en *La abolición del hombre* que esos feos agujeros se estaban abriendo en nuestras carreteras educativas. Para taparlos, Lewis propuso enseñar lo que llamó «Tao», en homenaje al origen oriental de la idea: un camino objetivo hacia el bien. Creía que sus hechuras comunes podían encontrarse en un sinnúmero de pueblos, por tratarse de una ley moral universal inherente a la constitución del ser humano que trasciende épocas y culturas. Como dice en "El veneno del subjetivismo" (un ensayo recogido en su colección *Christian Reflections*):

Claro que hay cegueras en determinadas culturas, del mismo modo que hay salvajes que no saben contar hasta veinte. Pero la pretensión de que estemos ante un mero caos —aunque no se vislumbre el esbozo de un valor universalmente aceptado— es simplemente falso y debe ser contradicho a tiempo y a destiempo donde quiera que se lo encuentre. Lejos de encontrar un caos, hallamos exactamente lo que deberíamos esperar si el bien es en verdad algo objetivo y la razón el órgano mediante el cual es aprehendido; es decir, hallamos un acuerdo sustancial con considerables diferencias locales de énfasis y, tal vez, ningún código que lo incluya todo.

Lewis deslinda sin ambages el cambio del progreso, pues «progreso significa acercarse más al lugar donde se quiere estar. Y si os habéis desviado del camino [es el significado de «Tao»], avanzar hacia delante no os acercará más a él». Distinguir novedad de mejora es precisamente lo que necesitamos para superar las ideológicas e interesadas categorías de «conservador» y «progresista»: «Si estáis en el camino equivocado», concluye nuestro autor, «progreso es dar un giro de ciento ochenta grados y volver al camino correcto».

En suelo occidental se extiende el uso de cremas antiarrugas entre los adolescentes, y bullen las redes sociales de vídeos en los que incluso niñas comparten sus «rutinas faciales». ¿Es eso un progreso? Lewis denuncia en su texto que el abandono de una educación en el bien por un proyecto emotivista nos está enfermando. Nosotros, que hemos contemplado la sustitución del cultivo del corazón moral por una mera instrucción en las emociones, relativa y subjetiva, podemos corroborar los efectos de este funesto extravío. Añade Lewis que lo consustancial al Tao es «la doctrina del valor objetivo, la creencia de que ciertas actitudes son realmente verdaderas, y otras efectivamente falsas, para la clase de cosa que es el universo y la clase de cosas que somos nosotros». Si la educación nos esclarece el mundo y con él las claves del ser humano, ¿por qué no aspirar a que aclare a todo alumno lo esencial del comportamiento correcto, en el núcleo del cual está la mirada moral hacia el prójimo y uno mismo?

Quedaría la cuestión fundamental del cómo. Las vías para cultivar la conciencia son tres, principalmente: la conversación, las experiencias y los grandes ejemplos. La primera apunta a recuperar la dialéctica para la enseñanza secundaria, su lugar ideal en función de los procesos de maduración de los alumnos. Esa dialéctica debe dejar de hacer lo que ha estado haciendo, a saber, abrazar el relativismo y evitar escrupulosamente las cuestiones morales, para atreverse a desbrozar mediante la conversación el camino de lo correcto. Las experiencias tendrán que ver con la dinámica en el centro escolar, con una práctica virtuosa del deporte y con iniciativas de solidaridad y convivencia que hemos de implementar, pues en general no se ofrecen o solo están al alcance de quienes estudian en centros concertados y privados. En último lugar, debemos aspirar a una mirada cálida, crítica, pero sabia, hacia la historia universal del bien, pues como decía el filósofo y matemático Alfred North Whitehead la educación moral es imposible si se prescinde de la visión habitual de la grandeza. Aquí tiene mucho que decir la religión, incluso a quienes eviten la asignatura por considerarse ateos, que no deberían privarse por ello de conocer a Sudha Varghese o Maximiliano Kolbe, entre el sinfín de héroes morales a los que Dios ha inspirado; y la gran literatura, repertorio de las grandes narraciones sobre la conciencia y el comportamiento humano.

IX. Honrar la vida

Apenas existen canciones que celebren esa gran aventura humana: la moral. El enamoramiento, el sexo, la fiesta; lo rumboso copa las letras de las listas de éxito. La cantautora argentina Eladia Blázquez creó en 1980 la excepción que confirma la regla, "Honrar la vida", un excelente tema sobre la conciencia y la virtud y la lucha por la verdad, la dignidad y la libertad en el que se dicen cosas como que «merecer la vida no es callar y consentir tantas injusticias repetidas» o que «eso de durar y transcurrir no nos da derecho a presumir, porque no es lo mismo que vivir, honrar la vida». Ahí es nada.

Hay una hermosa versión actual de esa canción, que debemos a Sole Giménez y Rozalén. Contiene un matiz enormemente significativo que se le escapa a quien no conozca la letra original: la penúltima estrofa, tal y como la escribió Eladia Blázquez, dice que «merecer la vida es erguirse en vertical, más allá del mal, de las caídas», pero nuestras cantantes (o quien adaptó la canción para ellas) cambian «más allá del mal» por «más allá del mar». El caso es, querido lector, que este servidor de usted no cree en los errores casuales, y tampoco puede ser un fallo de dicción —como uno de los muchos que encontraría uno en un reguetón, si me permite la maldad—, siendo ellas dos de las voces de nuestra escena que mejor pronuncian. No; ahí hay una intención muy posmoderna de no mencionar el mal, porque el mal no existe, ya sabe, solo hay enfermedad o causas socioeconómicas, y las caídas son siempre producto de una falta de habilidad, de ser víctimas de algo, y no son una falta fundamental contra Dios o nuestro prójimo ni contra nosotros mismos, ni existe el pecado, en la segunda acepción del *DLE*: «Cosa que se aparta de lo recto y justo, o que falta a lo que es debido». No hay culpabilidad, no hay vergüenza. Y por eso mejor mencionar ese mar que remite a puestas de sol *chillout* con *gin-tonic* en copa de balón y otros ensimismamientos por el estilo, y no algo tan sucio y real como el mal.

No tiene por qué asustarnos mencionar el mal, porque el mal existe. El mal es fundamentalmente egoísmo extremo. Hay gente capaz de anteponer sus deseos, intereses, miedos o perversiones al dolor y hasta a la vida ajena; gente que apenas reconoce deber alguno. Por eso incluso los psicópatas son legalmente imputables:

porque tienen conciencia, saben que hacen mal y aun así lo hacen. En cierto sentido puede llamárselos «enfermos», siempre y cuando eso no nos impida afirmar que sus conductas son inmorales y ellos responsables.

«No sé qué me pasa que ya no me afectan las cosas importantes ni las que no son importantes, solo quiero billetes y diamantes», canta el rapero Midas Alonso en su tema "Intimíssimi". A esto debemos consagrarnos: a doblegar el subjetivismo, que cursa antes o después en destructor nihilismo. Es nuestro deber, pues el mal siempre avanza por omisión de quienes han de empuñar la espada que defiende la dignidad, por escasez de personas honorables. El bien no se hace solo; ocurre cuando así lo disponen las personas que se atienen con su conducta a lo objetivamente justo. Esto es lo que tenemos que explicar a nuestros conciudadanos, a nuestros hijos y a todo prójimo subjetivista con el que nos crucemos: que pensar y sentir así conduce a una vida inane, en lo personal y en lo colectivo. Lo sé: eso es meterse en líos. Pero resulta que es nuestro deber meternos en ese lío, porque nos va la convivencia en ello y porque somos hasta cierto punto responsables con nuestra acción y nuestra palabra de que la vida de los demás sea buena.

La búsqueda de lo que está bien y mal, por avanzada que esté, continúa. Si cada vez somos más quienes nos involucramos, esa búsqueda dará mejores frutos. Declararse amoralista es borrarse de un empeño del conocimiento que enaltece a nuestra especie. Por culpa no ya de los académicos de esta laya, que en definitiva son muy pocos, sino de los inmorales que nos necesitan amorales para poder pastorearnos comercial o políticamente, hoy se suele concebir la tolerancia como no refutar a nadie en cuestiones morales, como no mojarse en nada que tenga que ver con lo justo o digno. No parece que eso sea tolerancia, sino desinterés por el prójimo; cómoda asepsia; una perniciosa forma de individualismo.

Hace un siglo, el poeta irlandés William Butler Yeats escribió "La segunda venida", cuyos proféticos versos dicen: «Todo se desmorona; el centro ya no puede sostenerse, la pura anarquía se ha desatado en el mundo [...] A los mejores les falta la convicción, y los peores, por su parte, rebosan intensidad apasionada». ¿Quién no ha pensado lo mismo en los últimos años? ¿Qué nos pasa? Que estamos abandonando al prójimo. Vivimos en la sociedad más conectada y menos vinculada que haya existido; «hay tanta pequeña vanidad en nuestra tonta humanidad enceguecida», canta Eladia. Cada hectárea que conquista esta hiperconectada soledad se la arrebata a la compasión. Lo cierto es que la pregunta «qué hace que la vida sea justa y buena», una vez se ponen las piezas maestras de la dignidad y la subsiguiente del prójimo, lleva inmediatamente a «qué nos debemos los unos a los otros». Solo estando a la altura de este deber conseguiremos que los vaticinios de Yeats no se cumplan. Aún no ha llegado la sangre al río, pero necesitamos la convicción de los mejores, principios, valentía, la objetividad del bien, una ética del honor y el coraje.

Nuestra vida moral —la historia de nuestra dignidad— es una aventura maravillosa. Combatir por el bien, la verdad, el amor y la belleza: esas son nuestras grandes epopeyas, y fuera de ahí no hay épica, solo mera supervivencia. En última instancia, es cuando tiene sentido que nuestra vida merece la pena. Las personas verdaderamente morales, es decir, valientes, es decir, honorables, luchan por mantenerse erguidas, respetar unos principios universales y defender a sus semejantes, en especial a los más vulnerables. Claro que en el ámbito de la moral existen atenuantes, la suerte y multitud de matices; pero la verdad moral existe, y nos obliga.

Es hora de que cada cual asuma su responsabilidad, sin culpar a «la sociedad» o al «sistema» ni autojustificarse; es hora de elegir bando y ser consecuente con esa elección sentida que llena de sentido nuestras vidas. «Hay algo bueno en este mundo», dice Samsagaz Gamyi en *Las dos torres*, «y vale la pena luchar por ello»; palabra de hobbit. Nuestra vida no tiene por qué ser lo que sostenía lord Macbeth, un cuento contado por un idiota, lleno de ruido y de furia, que no significa nada; si somos valientes y hacemos lo debido podemos conseguir que sea una historia hermosa y significativa. Ya lo dice la canción: «Eso de durar y transcurrir, no nos da derecho a presumir, porque no es lo mismo que vivir, honrar la vida».

AGRADECIMIENTOS

A Pablo Malo Ocejo, por prestarse a dialogar sobre estos asuntos que tanto nos interesan a ambos.

A María Blanco González, por la furiosa independencia de juicio y notable inteligencia con la que examinó este texto.

A Juan Sánchez Torrón, por ayudarme a fortificar los argumentos aquí expuestos con adversidad noble y acerada.

A José María Torralba López, por el rigor académico que aplicó a estas páginas, en generoso esfuerzo, y por cómo iluminó el resultado final con el fulgor de nuestras discrepancias.

Y a Mariona Gumpert Ferrer, por dar el primer empujón a esta barquita para que se hiciera a la mar.

A mis revisores no siempre les hice caso: la responsabilidad sobre lo escrito es exclusivamente mía.

Este libro nace de un debate en redes sociales. Sirva entonces para constatar que las nuevas tecnologías, convenientemente usadas —a partir de una educación crítica y precisamente moral que predisponga a la búsqueda de la verdad—, pueden ser un instrumento estupendo de elevación civil. Si logramos remontar las encrespadas olas del estéril afán de victoria y el ancestral gusto por las reyertas, nos espera una Ítaca de conocimiento y humanidad.

ESTE LIBRO, PUBLICADO POR
EDICIONES RIALP, S.A.,
MANUEL URIBE 13-15, 28033 MADRID,
SE TERMINÓ DE IMPRIMIR EN
ANZOS, S. L., FUENLABRADA (MADRID),
EL DÍA 21 DE FEBRERO DE 2025.